Karl Sartori

Studien aus dem Gebiete der griechischen Privataltertümer

Karl Sartori

Studien aus dem Gebiete der griechischen Privataltertümer

ISBN/EAN: 9783743497436

Hergestellt in Europa, USA, Kanada, Australien, Japan

Cover: Foto ©ninafisch / pixelio.de

Weitere Bücher finden Sie auf **www.hansebooks.com**

Studien

aus dem Gebiete der

griechischen Privataltertümer.

Von

Dr. Karl Sartori.

I.

Das Kottabos-Spiel der alten Griechen.

„παίζω. μεταβολὰς γὰρ πόνων ἀεὶ φιλῶ.",
Euripides bei Aelian. V. H. XII, 15.)

———※ Mit 6 Tafeln. ※———

München.
A Buchholz.
1893.

Seinem hochverehrten Lehrer

Herrn Professor Dr. Wilhelm von Christ

in Dankbarkeit

gewidmet

vom Verfasser.

Inhalt.

Einleitung . . . . 1— 7
I. Kapitel. Herkunft und Grundform des Kottabos-Spieles. — 9—14
    Gebrauch beim Symposion . . . . . . 15—17
II. Kapitel. Arten des Kottabos-Spieles . . . . 18—47
    § I. κότταβος δι' ὀξυβάφων . . . . . . 18—21
    § II. κότταβος κατακτός . . . . . . 22—39
    § III. Die falschen Erklärungen des κότταβος κατακτός . 39—47
        a) Der „hängende"   κότταβος κατακτός
        b) Der „wagähnliche" „ „
        c) Der „lustre-ähnliche" „ „
        d) Der „Würfel"- „ „
III. Kapitel. Art und Weise des Spieles . . 48—56
    § I. Wie wurde die λάταξ geschleudert? . . . 48—50
    § II. Wie wurde der Becher gehalten? . . . 50—56
IV. Kapitel. Charakter und Entwicklung des κότταβος
    (Spende — Orakel — Spiel) . . . . . 57—64
V. Kapitel. Zeitliche und örtliche Verbreitung des κότταβος . 65—68
Exkurs I. Bedeutung und Etymologie des Wortes κότταβος . 69—76
  „ II. „ „ „ „ „ λάταξ . 77—78
  „ III. „ „ „ „ „ ὀξύβαφον . 79—86
  „ IV. „ „ „ „ „ κατακτός . 86—91
  „ V. . „ „ „ „ ἀγκύλη . 91—95

Exkurs VI. Fragment aus der Νέμεσις des Kratinos (Kock,
C. A. F. I, S. 50 fg., No. 116) . . . . . 95—97
Exkurs VII. Fragment aus den Elegien des Dionysius Chalkus
(Bergk, P. L. G. II⁴, S. 263, No. 3) . . . . 97—99

Anhang . . . . 100—114
    I. Verzeichnis der den κότταβος darstellenden Vasen-
bilder, Reliefs etc.
   II. Verzeichnis der bisher aufgefundenen Kottabos-Ständer.
  III. Verzeichnis der bisher aufgefundenen Manes- (Mania-)
Figürchen.

Einleitung.

Die reiche Ausbeute der in den letzten acht Jahren so eifrig betriebenen Ausgrabungen in und um Perugia*) hat die Zahl der mit Inschriften versehenen Urnen um manches interessante Stück vermehrt. Auch Rüstungsstücke sind da und dort zu Tage getreten und bilden nunmehr schätzenswerte Bestandteile toscanischer Sammlungen. Vor allem aber wurde durch jene Ausgrabungen die Aufmerksamkeit der Forscher auf dem Gebiete der griechischen Privataltertümer erregt und zwar um eines Gegenstandes willen, von dem wir vorher nur eine sehr mangelhafte Vorstellung hatten, da, wie wir sehen werden, litterarische und bildliche Darstellungen desselben gar manche Einzelheit unerklärt liessen. Ich meine das in der älteren und mittleren Komödie so oft erwähnte, von den Scholiasten und Lexikographen**) so verschieden erklärte Kottabos-Spiel der alten Griechen, das den meisten

---

*) S. „Notizie degli scavi di antichità communicate alla Reale Academia dei Lincei" 1885—1892.

**) Die alten Quellen sind:
Athenaeus, „dipnosophistae" X, p. 427 d; XI, p. 479 c—e, p. 487 c—f. p. 494 b—f, p. 782 d—f; XV. p. 665 b—d, p. 666 b—f, p. 667 b, c, e, f, p. 668 f.

Philologen bis auf die Zeit Otto Jahn's kaum mehr wie dem Namen nach bekannt war.

Wenn Ludolph Küster*) in der Note zum Worte κοτταβίζειν im Lexikon des Suidas (Cambridge 1705) pathetisch aussprach: „de cottabo quid indictum?", so war das eben

Schol. zu Aristoph. Acharn. 525, Pac. 343, 1242, 1244 (Blaydes).
Schol. zu Lucian, Lexiph. 3 (To. IV, p. 148 fg. Jacobitz).
Pollux, Onomast. VI, c. 19, § 109, 110, 111.
Nonnus, Dionys. XXXIII, 64—104.
Hesychius s. v. ἀγκύλη, κοτταβίζει, κότταβος, λάταξ.
Photius s. v. λάταγες.
Suidas s. v. κοτταβίζει, κοτταβίζειν, λαταγεῖα, λάταξ, κότταβος.
Etymolog. magn. p. 533, 14—27; p. 616, 8.
Tzetzes, Chiliad. VI., hist. 85, 858—899.

*) Vor Küster hatten über das Kottabos-Spiel gehandelt:

Ludovicus Caelius Rhodiginus (Ludovico Ricchieri) in „Antiquarum lectionum libri sedecim" l. XV, c. 5. p. 775 (Venedig 1516).

Janus Parrhasius (Aulo Giano Parisio) in „Liber de rebus per opistolam quaesitis" im 36. Briefe, pag. 56—61 der Ausgabe des Henricus Stephanus (Paris 1567) [p. 104—110 der Ausgabe des Xaver Matthaei (Neapel 1771)], auch eingerückt in Jani Gruteri „Lampas sive fax artium liberalium, hoc est thesaurus criticus",7Bde., p.763—765(Frankf. a. M. 1602—34).

Justus Lipsius in „Antiquarum lectionum commentarius" p. 111 fg. (Antwerpen 1575 und 1585), p. 492 fg. der Leidener Ausgabe von 1613.

Joannes Guilielmus Stuckius in „Antiquitatum convivialium libri tres", l. III. c. 14 fg. p. 345 (Zürich 1582).

Isaac Casaubonus in „Animadversionum in Athenaei dipnosophistas libri quindecim" l. XV, p. 942—947 (Lyon 1600 und 1621).

Joannes Meursius (Jan de Mours) in „Graecia ludibunda sive de ludis Graecorum" p. 28—34 (Leiden 1625) auch eingerückt in des Jacob Gronov „Thesaurus Graecarum antiquitatum" T. VII. p. 965—971 (Leiden 1699 und 1735).

Julius Caesar Bulenger in „De conviviis" (libri IV) c. 20 und 21 p. 276—280 (Leiden 1627), in „De ludis privatis ac domesticis veterum" c. 38 p. 34 (Leiden 1627), auch eingerückt in des Jacob Gronov „Thesaurus Graecarum antiquitatum" T. VII p. 919 f. (Leiden 1699).

nichts anderes als Phrase, und wenn auch M. Gotthelf Ehrenfried Becker, der obige Frage Küsters als ein „speciose magis quam vere dictum" bezeichnete, in den Jahren 1754—56 drei lateinische Abhandlungen „De ludicro cottaborum" veröffentlichte, welche die litterarischen Quellen im allgemeinen ziemlich eingehend verwerteten, so blieben doch verschiedene Widersprüche bei Athenaeus und den Scholiasten*) unerklärt, weil sie eben damals noch niemand auffielen. Becker selbst kann teilweise dem Vorwurfe nicht entgehen, den er anderen Gelehrten macht („partim obscuritatibus involvisse narrationem de cottabis factam, partim molli bracchio attigisse, partim non convenientissimo proposuisse ordine, partim denique aliqua falsa ipsi adspersisse"), er ist auch so bescheiden, zu erklären, er müsste sich der Vermessenheit zeihen, wollte er sich für frei von allen diesen Fehlern halten, indem er beifügt, er sei, wenn er die obigen Fehler anderen vorwerfe, von keiner anderen Absicht geleitet als der, zu zeigen, „agrum hunc in spatiosissimo antiquitatum Graecarum campo nondum ita percultum esse, ut omnis reliqua opera in ipso exarando collocata inanis foret ac supervacanea". Freilich war die Art der Darstellung, wie sie Becker in den drei lateinischen Abhandlungen wählte, nicht dazu angetan, die auch für die damalige Zeit erreichbare Klarheit über den Gegenstand zu verbreiten. Den Hauptteil seiner Ausführungen bilden die Erklärungen der beim Kottabos-Spiel vorkommenden Ausdrücke. Eine kritische Behandlung der einzelnen zum Teil vollständig divergierenden Nachrichten der alten Erklärer vermissen wir bei ihm fast

---

*) Vollständig können diese Widersprüche allerdings nur durch die erst seit Mitte der 80er Jahre dieses Jahrhunderts ermöglichte Vergleichung der litterarischen Quellen mit den Darstellungen auf Vasenbildern und den Originalen selbst gelöst werden.

durchgehends. Im grossen und ganzen gilt dies auch von dem im Jahre 1800 von Gottfr. Ernest Groddek in der 1. Sammlung seiner „Antiquarischen Versuche" S. 165—300 publizierten Aufsatze „Über den Kottabos der Griechen"*). In einem Punkte aber befriedigt Groddek uns weit mehr als sein Vorgänger, nämlich in der Sichtung des vorhandenen Materials. Er meint (Anm. 5) zur oben (S. 2) angeführten Note Küsters, „es werde bei solchen Gegenständen der Untersuchung nicht sowohl das quid? d. i. das blosse Zusammenraffen der Materialien, als das quomodo? d. i. das Ordnen und Sichten des vorhandenen Stoffes in Betracht gezogen. Sein Vorhaben, „das Bekannte besser zu ordnen, das Irrige in den bisherigen Vorstellungen zu berichtigen und in der Beschreibung selbst, soweit es möglich, Deutlichkeit mit Genauigkeit zu vereinigen", ist ihm aber nur im ersten Teile geglückt.

Ausschliesslich mit den von Athenaeus gegebenen Erklärungen und den von diesem überlieferten poetischen Fragmenten befasst sich Friedr. Jacobs in einem Aufsatze, der zuerst in Wieland's „Attischem Museum" Bd. III, Heft 3, p. 475—496 (Zürich, Bern, Leipzig 1801) erschien, später aber erweitert und verbessert in Jacobs' „Vermischten Schriften" VI. Teil („Zerstreute Blätter") p. 107—144, (Leipzig 1837) eingereiht wurde, betitelt, „Athenaeos über den Kottabos".

Eine neue Periode in der Bearbeitung des vorliegenden Stoffes beginnt mit Otto Jahn. Seine im XXVI. Bande des „Philologus" (1867) S. 201—240 erschienene Abhandlung „Kottabos auf Vasenbildern", der vier Tafeln mit Abbildungen

---

*) Groddek kannte die Ausführungen Beckers nicht; ihre Kenntnis hätte, wie er selbst (Anm. 5) vermutungsweise ausspricht, seinen Versuch überflüssig gemacht.

beigegeben sind, übertrifft bei weitgehender Berücksichtigung der Darstellungen auf Vasenbildern an Gründlichkeit alle vorausgegangenen Arbeiten. Zu beklagen ist nur, dass Jahn auf die verschiedenen Kontroversen nicht eingeht. Freilich müssen auch gegen seine Ausführungen, besonders was Erklärungen der Namen, Fixierung der einzelnen Arten betrifft, mannigfache Einsprüche erhoben werden. Im allgemeinen aber war durch Jahn und dessen Nachfolger Heinrich Heydemann („Über das Kottabos-Spiel" in „Ann dell' Inst." 1868, S. 217—231 und „Arch.-Zeitung" 1871, S. 57 No. 67 und 68), Ludolph Stephani (im „Compte rendu" 1869 S. 219, 223, 235 fg.) und W. Klein („Ein Liebesorakel" in „Ann. dell' Inst." 1876, S. 141—145, hiezu Taf. M.), welche in einer grossen Anzahl von Vasenbildern Darstellungen unseres Spieles erkannten, die unter den obwaltenden Umständen bestmögliche Klarheit geschaffen worden. Der französische Gelehrte L. Becq de Fonquières, der im X. Kap. seines Werkes „Les jeux des anciens" [Paris 1869*)], S. 212—240, vom κότταβος handelt, hat das Verdienst, auf das Wesen des κότταβος, seinen Zusammenhang mit den religiösen Gebräuchen, mit der Libation, und auf die Entwickelung des Spieles näher eingegangen zu sein. Allerdings sind ihm dabei auch manche Irrtümer untergelaufen. Über die in Wilh. Adolph Beckers „Charikles" (3. Aufl. bearbeitet von Herm. Göll, Berlin 1887/8) I. Bd. S. 153. fg., II. Bd. 366—370 und III. Bd. S. 113 enthaltenen Ausführungen wie über den unserem Gegenstand gewidmeten Abschnitt im III. Kap. S. 109—116) der Dissertation von Anast. Maltos „Περὶ τῶν συμποσίων τῶν παλαιῶν Ἑλλήνων" (Athen 1880) kann ich hinweggeben,

*) Die 2. Auflage dieses Werkes (Paris 1873) konnte Verfasser nicht erhalten.

da sie sich im wesentlichen im Fahrwasser ihrer Vorgänger bewegen und wenig Neues bringen.

Den Reigen derjenigen, welche nach Auffindung eines Originales sich mit unserem Stoffe beschäftigten, eröffnet Felice Barnabei („Bronzi del giuoco del cottabo, scoperti nella necropoli perugina" in „Notizie degli scavi" 1886, S. 314—326). Anscheinend unabhängig von der eben besprochenen Abhandlung sind Wolfg. Helbigs im selben Jahre publizierten „Osservazioni sopra il cottabos" (in „Mitteilungen des röm. Instituts" 1886, S. 222 fg. und 234—242). An die beiden Genannten schliesst sich C. Robert („Manes im Berliner Museum" im „Jahrbuch des Instituts" 1887, S. 178—182 und Alfred Higgins („Recent discoveries of the apparatus used in playing the game of kottabos" im 51. Bande der „Archaeologia", London 1888, S. 363—398). Die Untersuchungen der zuletzt genannten vier Gelehrten haben die Kenntnis des Spieles in hohem Grade gefördert. Sie beobachten aber zum grössten Teile zu sehr vom antiquarischen Standpunkte aus; sie ziehen nicht in erforderlichem Masse die litterarischen Quellen zum Vergleiche heran, befassen sich fast ausschliesslich nur mit der einen Art des Kottabos-Spieles, dem κότταβος καταχτός, und unterlassen es auch, die Unterschiede, die zwischen den Darstellungen auf Vasen und den Originalen bestehen, hinreichend zu erklären.

Es dürfte daher angemessen sein, eine, die gesamte Litteratur umfassende, die philologische wie die antiquarische Seite in gleichem Masse berücksichtigende Behandlung des Gegenstandes zu versuchen und dabei auch die hieher gehörigen Vasenbilder mit den nunmehr zu Tage getretenen Originalen zu vergleichen. Dabei wird es sich aber auch empfehlen, nicht an die grösstenteils zerrissene Darstellungsart Bekkers, Groddeks oder Jahns sich anzuschliessen, sondern in systematischem Gange zuerst die Herkunft und die Grundzüge des Spieles, dann die beiden Hauptgattungen desselben den κότταβος δι' ὀξυβάφων und den κότταβος κατακτός zu erklären. Hieran schliesst sich sodann die Untersuchung über die Art und Weise, in der das Spiel bethätigt wurde, sowie über den Charakter und die Entwickelung desselben. Der letzte Abschnitt der Abhandlung soll der örtlichen und zeitlichen Verbreitung des Spieles gewidmet sein, während die nötigen philologischen Untersuchungen z. B. über die Bedeutung und Etymologie der Bezeichnungen κότταβος, λάταξ, ὀξύβαφον, κατακτός und ἀγκύλη, sowie über einige korrupte Stellen in einigen Exkursen angestellt werden sollen. Als Anhang wird der Abhandlung getreu dem horazischen

Segnius irritant animos demissa per aurem
Quam quae sunt oculis subiecta fidelibus.

(A. P. 180.)

ein Verzeichnis der den „Kottabos" darstellenden Vasenbilder, Reliefs, Münzen u. s. w., sowie der bisher gefundenen Originale nebst einigen Abbildungen beigegeben werden.

I. Kapitel.

Herkunft und Grundzüge des Kottabos-Spieles.

Wollen wir von der Herkunft und dem Wesen des Kottabos-Spieles handeln, so müssen wir füglich von der reichlichst fliessenden Quelle, von Athenaeus ausgehen. Derselbe bezeichnet den Kottabos an mehreren Stellen seiner δειπνοσοφισταί als ein aus Sicilien herübergekommenes Spiel. Das älteste der von ihm angeführten Zeugnisse ist das im X. Buche, p. 427 d überlieferte Fragment des Anakreon: Ἐχρῶντο ἐπιμελῶς τῷ κοτταβίζειν ὄντος τοῦ παιγνίου Σικελικοῦ καθάπερ καὶ Ἀνακρέων ὁ Τήιος πεποίηκε (Bergk, P. L. G. III⁴, S. 270 Nr. 53)

Σικελὸν κότταβον ἀγκύλῃ παίζων*).

Damit stimmt im wesentlichen die Stelle im XV. Buche, p. 666 b, wo uns noch ein zweiter jüngerer Zeuge angeführt ist, nämlich Kritias: ἡ τῶν κοττάβων παιδιὰ Σικελική ἐστιν

---

*) Überliefert ist βαίζων; die oben aufgenommene Konjektur Bergks ziehe ich in Ermangelung einer besseren ihrer Einfachheit wegen der von Emperius (ἐκλίζων), sowie der von Grotefend (ἀγκυλίζων) und Wilamowitz (λατάζων) vor.

εὕρησις*) ταύτην πρώτων εὑρόντων Σικελῶν**) ὡς Κριτίας φησὶν ὁ Καλαίσχρου ἐν τοῖς Ἐλεγείοις διὰ τούτων (Schol. zu Aristoph. Pac. 1244; Bergk, P. L. G. II⁴, S. 279 No. 1)
κότταβος ἐκ Σικελῆς ἐστι χθονός, ἐκπρεπὲς ἔργον***).
Ferner ist im XI. Buche, p. 479 d eine Stelle aus den „Ὑπομνήματα" des Hegesandros angeführt, in welcher Dikaearch als Gewährsmann angegeben wird; sie lautet: ὁ καλούμενος κότταβος παρῆλθεν εἰς τὰ συμπόσια τῶν περὶ Σικελίαν, ὥς φησιν Δικαίαρχος (Müller, F. H. G. II, S. 247 No. 34), πρῶτον εἰσαγαγόντων †). Auch von Hesychius, der vermutlich auch hierin aus Diogenianus und weiter aus Pamphilus schöpft, wird der κότταβος eine παιδιὰ παρὰ Ἀττικοῖς ἀπὸ Σικελίας παραδοθεῖσα genannt.

Dass der κότταβος bei den Sikelioten eine sehr beliebte Unterhaltung war, ist in einer Stelle aus der Schrift des Dikaearch über Alkaeus ausgesprochen, die Athenaeus XV,

---

*) In der Handschrift findet sich die Wortstellung ἡ τῶν κοττάβων εὕρησις Σικελική ἐστιν παιδιά. Warum Kaibel in seiner Ausgabe des Athenaeus die schon von Bergk („Anakreontis carminum reliquiae" S. 172 No. LII) und Jacobs (a. a. O. S. 119) vorgeschlagene notwendige Umstellung κοττάβων παιδιὰ Σικελική ἐστιν εὕρησις nicht billigt, kann ich nicht einsehen.

**) Ταύτην πρώτων εὑρόντων Σικελῶν ist ein Zusatz, der, wenn er nicht als eine mit der falschen Stellung κοττάβων εὕρησις Σικελική ἐστιν παιδιά eingedrungene Interpolation zu betrachten ist — und das halte ich für sehr wahrscheinlich —, jedenfalls der Berechtigung entbehrt. Denn wenn es im sogleich zu zitierenden Fragment aus den Elegien des Kritias heisst: κότταβος ἐκ Σικελῆς ἐστι χθονός ἐκπρεπὲς ἔργον, so ist noch nicht zu schliessen, dass gerade die Sikeler das Spiel aufgebracht. (Vgl. Exkurs 1.)

***) Auch im I. Buche, p. 28b figuriert dieses vermutlich der im Folgenden zweimal zitierten Schrift περὶ Ἀλκαίου entnommene Fragment des Kritias unter Dichterstellen, welche die ἰδιώματα ἐξ ἑκάστης πόλεως aufzählen.

†) Schol. zu Lucian, Lexiph. 3 Παρῆλθε δὲ ὁ κότταβος εἰς τὰ συμπόσια ἀπὸ τῶν περὶ Σικελίαν πρῶτον εἰσαγαγόντων.

p. 668e zitiert: ὅτι δὲ ἐσπούδαστο παρὰ τοῖς Σικελιώταις ὁ κότταβος δῆλον ἐκ τοῦ καὶ οἰκήματα ἐπιτήδεια τῇ παιδιᾷ κατασκευάζεσθαι, ὡς ἱστορεῖ Δικαίαρχος ἐν τῷ περὶ Ἀλκαίου (Müller, F. H. G. II, S. 246 No. 34). Auch die Stelle Aristot. Rhet. I, 12, 23, wo überliefert wird, dass Gelon für einen rasch und glücklich beendeten Feldzug von Aenesidemus einen κότταβος als Belohnung erhielt, scheint dafür zu sprechen, dass sich das Spiel in Sicilien besonderer Beliebtheit erfreute.

Auch das bei Erwähnung des κότταβος häufig vorkommende Wort λάταξ oder λατάγη, das von Hesychius und Schol. zu Aristoph. Acharn. 525 (Suidas s. v. κότταβος) mit κότταβος selbst erklärt wird*), ist sicilischen Ursprungs. Athenaeus berichtet dies XV, p. 666b: Δικαίαρχος ὁ Μεσσήνιος, Ἀριστοτέλους μαθητής, ἐν τῷ περὶ Ἀλκαίου (Müller, F. H. G. II, S. 247 No. 34) καὶ τὴν λατάγην φησὶν εἶναι Σικελικὸν ὄνομα**).

Aus diesen Stellen ersehen wir also, dass nach den Zeugnissen der Alten, und zwar nach so alten Gewährsmännern, wie Anakreon und Kritias, und wahrscheinlich auch Alkaeus, der κότταβος aus Sicilien stammte. Einige Zeugnisse sind entnommen einer Schrift des Peripatetikers Dikaearch, der dreimal ausdrücklich zitiert wird. Wahrscheinlich hatte derselbe ausser in der Spezialschrift über Alkaeus auch in der berühmten Schrift Βίος Ἑλλάδος von unserem Spiele gehandelt. Dabei verdient Beachtung, dass Dikaearch aus Messene in

---

*) Vgl. Exkurs II.
**) Das Fragment aus der „Kydippe" des Kallimachus (Bentley, fr. 102, Dilthey fr. 4; bei Athen. XV, p. 668b, Schol. zu Aristoph. Pac. 1243):
πολλοὶ καὶ φιλέοντες ἀκόντιον ἧκαν ἔραζε
οἰνοπόται Σικελᾶς ἐκ κυλίκων λατάγας
beweist nur, dass die λάταγες, d. h. die λάταγες beim κότταβος sicilischen Ursprungs sind, dass also das Kottabos-Spiel aus Sicilien stammt, es beweist aber nicht, dass λάταξ ein sicilisches Wort ist.

Sicilien stammte. Indessen bleibt es ungewiss, ob derselbe, wenn er λάταξ als sicilisches Wort bezeichnet, sich auf seine Kenntnis des Lokaldialektes seiner Heimat stützte oder ob er eine bestimmte Stelle eines alten Autors im Auge hatte.

Worin bestand nun dieses Spiel? Darüber gibt uns ebenfalls ein sehr alter Gewährsmann, Kritias, Auskunft und zwar im Pentameter des bereits oben erwähnten Distichons (Athen. XV, p. 666b, Bergk, P. L. G. II⁴, S. 279 No. 1,

κότταβος ἐκ Σικελῆς ἐστι χθονός, ἐκπρεπὲς ἔργον,
ὃν σκοπὸν ἐς λαταγῶν*) τόξα καθιστάμεθα.

κότταβος ist also das Ziel, nach welchem die λάταγες geschleudert werden. Dass dieses Ziel ein Gefäss bildete, ist bei Athen. XV, p. 666d ausgesprochen: ἐκαλεῖτο δὲ κότταβος, καὶ**) τὸ ἄγγος, εἰς ὃ ἔβαλλον τὰς λάταγας, ὡς Κρατῖνος ἐν Νεμέσει ***) δείκνυσιν. Im Ζεὺς κακούμενος des Platon (Kock, C. A. F. I, S. 612 No. 46: Athen. a. a. O.) lautet eine Stelle.

πρὸς κότταβον παίζειν, ἕως ἂν σφῶν ἐγὼ
τὸ δεῖπνον ἔνδον σκευάσω. ΗΡ. πάνυ βούλομαι·
ἀλλ' οὐ πρόσεστι†). Α. ἀλλ'εἰς θυσίαν παιστέον.
ΗΡ. φέρε τὴν θυσίαν, εἶφ' ὕδωρ, ποτήρια
παράθετε.

---

*) So ist zu schreiben, nicht λατάγων; zweimal im Folgenden λατάγη, (nicht λάταξ)!

**) Voraus geht die falsche Angabe, dass κότταβος auch den Preis für den glücklichen Sieger bedeutet habe; hierüber s. Exkurs I.

***) Athenaeus hat hier wohl die von ihm p. 667 f überlieferten, arg korrupten Verse (Kock, C. A. F. I, S. 50 No. 116) im Auge. In Exkurs VI soll eine Verbesserung versucht werden.

†) Überliefert ist ἀλλ' ὅσμος ἐστάλλει. Hermann bei Meineke vermutete ἀλλὰ νόμος ἐστί; B. ἀλλ' εἷς —, Koch ἀλλ' ἄγγος ἐστί; A. ἀλλ' εἰς

Es sind also zum Kottabos-Spiel erforderlich: κότταβος oder θυεία (s. S. 14), Wasser und Becher.

Näheres besagt Schol. zu Aristoph. Pac. 343 εἰς χαλκᾶς... φιάλας, ἃς καλοῦνται λαταγεῖα*) ἀπέρριπτον**) [ἐμβάλλοντες***)]

—, Kaibel etwas Ähnliches wie ὁ πλακοῦς (ἁλός?) ἐμός ἐστ᾽, was weder zum Vorausgehenden noch zum Folgenden passt. Der Sinn der Stelle ist augenscheinlich. Her. „Ich bin einverstanden mit dem Vorschlage während der Zeit, bis das Mahl bereitet ist, mit dem Kottabos (s. Exkurs I) zu spielen. Aber dieser ist nicht zur Hand". A. „Wohlan, so müssen wir mit der θυεία (die augenscheinlich zur Hand ist) spielen." Her. „Gut, so bring' die θυεία her, schaff' Wasser herbei, richtet Becher bereit!"

*) Überliefert ist λάταγες. Da aber Suidas, der s. v. κοτταβίζω die Stelle wortwörtlich abgeschrieben, hier das richtige λαταγεῖα hat, muss auch in unserem Scholion λαταγεῖα hergestellt werden, und zwar nicht bloss hier, sondern auch einige Zeilen später, wo es heisst.... τὸ λεῖμμα τοῦ ποτηρίου, ὃ ἐμβάλλουσιν εἰς τὰς λάταγας, wo auch bei Suidas die falsche Form λάταγας steht. Wir finden letztere auch in den Erklärungen zu V. 1241 ἡ χαλκή λάταξ ἐν μέσῳ ἐτίθετο und zu Aristoph. Acharn 525 (Suidas s v. κότταβος) λάταξ, χαλκή, φιάλη, ἣν μεταξὺ τοῦ δείπνου ἐτίθεσαν. Dass sie einzig der Flüchtigkeit eines Schreibers ihr Dasein verdankt — Grceblck meinte irrtümlich, dass vielleicht eben des durch das Auffallen der λάταξ erregten Geräusches wegen auch die ehernen Becken, in welche sie geschleudert wurde, λάταγες hiessen — ist mehr wie wahrscheinlich. Selbst wenn Suidas an der ersten Stelle nicht die richtige Form hätte, bestünde diese Annahme zu recht, da bei keinem der anderen alten Erklärer unseres Spieles λάταξ und λαταγεῖον in der nämlichen Bedeutung gebraucht werden. Ein weiteres Moment, das die Einsetzung von λάταξ an die Stelle von λαταγεῖον zu einem leicht erklärlichen macht, ist der Umstand, dass für λάταξ kein anderer Ausdruck eintreten konnte, λάταξ also sehr oft vorkam, während zur Bezeichnung des Zielgefässes auch der ursprüngliche Ausdruck, nämlich κότταβος zur Verfügung stand. Hierüber s. Exkurs I.

**) Dass das überlieferte ἀνέρριπτον eine Korruptel ist, wird aus dem, was über die Art des Wurfes zu sagen ist (s. Kap. III), hervorgehen.

***) ἐμβάλλοντες ist entweder Glossem aus den folgenden, in Anm. *) zitierten Worten oder Korruptel aus σμικρὰ ποτήρια ἐμβαλόντες. Im letzteren Falle wäre das Ganze eine Belegstelle für den κότταβος δι᾽ ὀξυβάφων (s. Kp. II § 1).

τι πόμα. Etym. magn. p. 533, 17 s. v. κοτταβίζω· ὁ δὲ κότταβος ἦν τοιοῦτόν τι: λεκάνιον ἐν τῷ μέσῳ κείμενον τοῦ συμποσίου. ferner Hesychius s. v. κότταβος· σκεῦος συμποτικόν, ἐφ' οὗ τὰς λάταγας ἔβαλλον ἐρίζοντες. Die wichtigste aber von allen Stellen ist die Erklärung des Photius s. v. λάταγες. Sie lautet: λάταγες· οἱ κότταβοι, εἰώθασι γὰρ παρὰ τὰς μέθας χαλκίον στρογγύλον ἐμφερὲς κρανίῳ τιθέντες ἐν μέσῳ καὶ τούτου στοχαζόμενοι τοὺς κοττάβους βάλλειν. Alle die genannten Quellen stimmen also darin überein, dass bei unserem Spiele die Aufgabe bestand, ein ehernes Gefäss (ἄγγος, ἀγγεῖον, φιάλη, λεκανίς, λεκάνιον, λεκανίδιον, im Notfalle wohl auch eine θυεία, oder ein λουτήρ, λουτηρίδιον, ποδονιπτήρ) mit der λάταξ (λατάγη) zu treffen. Was unter dem Worte λάταξ, von welchem das Gefäss den Namen λαταγεῖον erhielt, zu verstehen ist, das gibt uns Athenaeus XI, p. 479 e an, mit den Worten: λάταγα ἐκάλουν τὸ ἐκπῖπτον ἐκ τῆς κύλικος ὑγρόν und XV. p. 666 c λατάγη δ'ἐστὶν τὸ ὑπολειπόμενον ἀπὸ τοῦ ἐκποθέντος ποτηρίου ὑγρόν, ὃ συνεστραμμένῃ τῇ χειρί *) ἄνωθεν **) ἔρριπτον οἱ παίζοντες εἰς τὸ κοτταβεῖον und im Etym. magn. p. 557, 56 λάταξ - ἡ μεγάλη σταγών und p. 533, 16 τὸ περιττὸν τοῦ πόματος. Es wurde also aus einem Becher der Rest des Weines in jenes Gefäss geschleudert. Wo nun aber dieses Zielgefäss sich befand, wie es von der λάταξ getroffen werden musste und ob sich nicht verschiedene Gattungen des Spieles ergeben, diese Fragen wollen wir uns vorläufig für später versparen; vorerst wollen wir noch einen sicheren Punkt erledigen, der übrigens schon im Vorausgehenden berührt worden ist.

---

*) S. Kap. III.
**) Was aus ἄνωθεν zu schliessen ist, geht aus der Beschreibung des κότταβος κατακτός (s. Kap. II. § 2) hervor.

Wann, bei welcher Gelegenheit pflegte man das Kottabos-Spiel?

Dass das Kottabos-Spiel eine nach dem Mahle, beim Symposion beliebte Unterhaltung war, dafür spricht ausser den bereits oben angeführten Stellen aus Kallimachus, Athenaeus XI, p. 479 d, Hesychius s. v. κότταβος, Photius s. v. λάταγες, Schol. zu Lucian, Lexiph. 3 und Etym. magn. 533, 17 auch der Umstand, dass Athenaeus erst im XV. Buche seiner δειπνοσοφισταί, welches τὰ μετὰ τὸ δεῖπνον ἐπιτελούμενα enthält, ausführlicher vom κότταβος handelt. Ebenso heisst es bei Pollux VI, 109: κότταβος τῶν συμποτικῶν μέρος und endlich beim Schol. zu Aristoph. Pac. 342 (Suidas s. v. κοτταβίζειν) τοῦτο δὲ ἦν ἐν τοῖς συμποσίοις und 1244 κατὰ τοῦ συμποσίου *). In der That sind fast alle Vasenbilder, auf denen wir das Kottabos-Spiel dargestellt finden, Gelage-Scenen. Aus dieser Verwendung unseres Spieles beim Symposion erklärt sich auch der Ausdruck μεθυσοκότταβοι bei Aristoph. Acharn. 525 zur Bezeichnung derjenigen, welche beim Kottabos-Spiel des Guten zu viel gethan**).

Dass das von Klein in dem 48. Bde. der „Ann. dell'Inst." (1876) Taf. M. publizierte Vasenbild***) auf dem wir die ῥάβδος κοτταβική sehen, das Gerät des κότταβος κατακτός†), unbedingt die Zurüstung zu einem Gastmahl darstelle, wie Klein

---

*) Aus Schol. zu Aristoph. Acharn. 525 wohl in μεταξὺ τοῦ συμποσίου zu ändern.

**) Vgl. ἐν τῷ πότῳ bei Athen. XV, p. 666 e (Schol zu Aristoph. Pac. 1243).

***) Das rotfigurige Gefäss stammt aus Corneto und gehört nach Klein dem Anfange des 4. Jahrhunderts (?) an.

†) S. Kap. II, § 2.

meint*), d. h. einen Moment, der einem Gastmahl vorausgeht, so dass wir es gleichsam mit einer Illustration zu der oben angeführten Stelle aus dem Ζεὺς κακούμενος des Komikers Platon zu thun hätten, halte ich nicht für eine so ausgemachte Sache, selbst dann nicht, wenn zugegeben wird, dass der Jüngling ein Weinschenk ist**).

Ich glaube aber auch nicht, dass die Frau die λάταξ zu dem Zwecke wirft, um eine Frage an das Schicksal zu stellen, d. h. um zu erfahren, ob sie von dem geliebt wird, den sie erwartet, mit anderen Worten, ob er zum Mahle kommen wird. Diese Erklärung ist viel zu gesucht. Das Sentimentale, die Tendenz, psychologische Probleme darzustellen, liegt nach meiner Meinung nicht in unserem Vasenbilde. Durch seine sorgfältige Zeichnung (vollkommene Profilstellung der Augen, Angabe der Hautfalten beim Handgelenk der Frau, der Nasenflügel, der Mundwinkel, feine Behandlung der Haare) reiht es sich unter diejenigen Gemälde, welche, wie Klein sagt, elegant und absichtlich ausgesonnen sind, die Vase zu verschönern.

Aus den Worten ἐγὼ μὲν σφενδόνῃ οὐκ ἂν ἐφικοίμην αὐτοῦ ***) in dem bei Athen. XV, p. 667a überlieferten Fragment aus den Ἀφροδίτης γοναί des Antiphanes zu schliessen, dass man auch im Freien den „Kottabos" gespielt habe, wie G. E. Becker gethan, dazu sind wir nicht berechtigt. Becker meint †): wenn das nicht der Fall gewesen wäre, so hätte der Dichter „ex hyperbole prorsus absona ac modum omnem excedente" so gesprochen. Eine Hyperbel haben wir allerdings; es trägt

---

*) A. a. O. S. 141.

**) Einiges Bedenken scheint Klein selbst gehabt zu haben, indem er zugibt, dass man statt des Lehnstuhls eine κλίνη erwarten möchte.

***) Nämlich an das Ziel beim κότταβος κατακτός; s. Kap. II. § 2.

†) A. a. O. II. S. 6 fg.

sich aber, ob sie durch diese Erklärung gemildert wird. Man betrachte nur die Situation. Ein des Kottabos-Spieles Unkundiger spricht seine Verwunderung darüber aus, dass sein Lehrmeister mit der λάταξ das Ziel getroffen, indem er sagt: „Ich würde selbst mit der Schleuder (die ich besser handhabe) das kleine (schwer zu treffende) Ziel nicht erreichen." Sollte man nun dies nur dann sagen können, wenn man sich im Freien befindet, nicht aber auch im Zimmer?*)

Dass dagegen der κότταβος auch zu den in den Bädern beliebten Vergnügungen gehörte, geht aus Laertius Diogenes VI, 46 hervor**).

---

*) Das von Becker ebenfalls als Beleg herangezogene Fragment des Dionysius Chalkus kann nach meiner Erklärung der Stelle (s. Exkurs VII) nicht in Betracht kommen, weil bei einem am Boden befindlichen Ziel nicht mehr von einem Zielen „nach dem Äther" die Rede sein kann.

**) Hier ist das Witzwort überliefert, das der Philosoph Diogenes fallen liess, als er einst in einem Bade einen jungen Mann sah, der den κότταβος spielte: „Je besser, desto schlimmer" („ὅσῳ βέλτιον, τοσούτῳ χεῖρον").

II. Kapitel.
Arten des Kottabos-Spieles.

§ I. Κότταβος δι' ὀξυβάφων (παιδιὰ ἐν λεκάνῃ).

Der erste Abschnitt unserer Darstellung hat uns nur auf einige minder belangreiche Kontroversen geführt. Im allgemeinen stimmen die Quellen und somit auch die Erklärer betreffs der Herkunft und der Grundzüge des κότταβος überein. Der Streitfragen Zahl und Bedeutung wächst erstaunlich, wenn wir die Ausführungen der älteren und neueren Gelehrten über die verschiedenen Arten des Spieles überblicken.

Athenaeus beschreibt neben der einfacheren zwei kompliziertere Arten des Spieles, den κότταβος κατακτός und die παιδιὰ ἐν λεκάνῃ, oder wie sie die Scholiasten zu des Aristoph. Frieden und Lucians Lexiphanes nennen, den κότταβος δι' ὀξυβάφων. Beide weichen von jener einfachen Form erheblich ab. Betrachten wir zunächst — praktische Gründe werden unser Verfahren rechtfertigen — die von Athenaeus an zweiter Stelle genannte παιδιὰ ἐν λεκάνῃ.

Der Verfasser der δειπνοσοφισταί beschreibt sie im XV. Buche, p. 667 e also: ἕτερον δ' ἐστὶν εἶδος τῆς ἐν λεκάνῃ. αὕτη δ' ὕδατος πληροῦται· ἐπινεῖ τε ἐπ' αὐτῇ ὀξύβαφα κενά, ἐφ' ἃ βάλλοντες τὰς λάταγας ἐκ καρχησίων ἐπειρῶντο καταδύειν. ἀνῃρεῖτο δὲ τὰ κοττάβια ὁ πλείω καταδύσας. Es ist also nicht eine φιάλη oder λεκάνη oder welches Gefäss man sonst an deren Stelle verwenden konnte*), das Ziel für die λάταξ, sondern kleine, in dem mit Wasser**) gefüllten Gefässe schwimmende Schälchen, ὀξύβαφα***) genannt. Diese werden in dem von unserem Autor im Anschlusse an die oben angeführte Erklärung zitierten Fragment aus den Ἀποκοτταβίζοντες des Ameipsias (Kock, C. A. F. I, S. 670, No. 2) augenscheinlich als zum κότταβος gehörig verlangt:

ἡ Μανία, φέρ' ὀξύβαφα καὶ κανθάρους
καὶ τὸν ποδανιπτῆρ' ἔγχεασα θ' ὕδατος. †)

Ebenso heisst es im Schol. zu Aristoph. Acharn. 525 (Suidas, s. v. κότταβος) σμικρὰ ποτήρια ἐμβαλόντες εἰς ταύτην [sc. φιάλην ††)] ἔρριπτον. Ein ähnlicher Passus beim Schol. zu Lucian, Lexiph. 3 lautet: ὁ δὲ δι' ὀξυβάφων (κότταβος) τοιοῦτος· ἀγγεῖόν τι λουτηριδίῳ ἔοικὸς πλῆρες ὕδατος ἐτίθετο, ὀξυβάφων κενῶν ἐπιπλεόντων. ἅπερ ἦν καταδύειν ... ὁ ἀγών. Korrupt ist offenbar die Stelle bei Pollux VI, 110: τὸ δὲ χαλκίον ἐπεπλήρωτο μὲν ὕδατος, ἐπεπόλαζε δ' αὐτῷ σφαίρα καὶ πλάστιγξ καὶ μάνης καὶ τρεῖς μυρρίναι καὶ τρία ὀξύβαφα. ὁ δὲ ὑγρᾷ τῇ χειρὶ τὸν κότταβον ἄρας καὶ τούτων τινὸς τυχὼν εὐδοκίμει. ὁ δὲ πλεῖστα καταδύσας τῶν ἐπιπολαζόντων τὰ κοτταβεῖα τὸ ἆθλον ἐλάμβανεν. O. Jahn bemerkt hiezu richtig †††): „Bei diesen Angaben des Pollux sind sicherlich Missverständnisse mit untergelaufen". Wenn es

---

*) S. S. 14.
**) Im Schol. zu Aristoph. Acharn. 525 irrtümlich χαλκῇ φιάλῃ οἴνου πεπληρωμένῃ.
***) Über die Form dieser ὀξύβαφα vgl. Exkurs III.
†) Über die hier folgende Stelle aus der Νέμεσις des Kratinus (Kock, C. A. F. I, S. 50, No. 116) siehe Exkurs VI.
††) So ist wohl aus εἰς σμικρὰ ποτήρια ἐμβαλόντες ταύτην ἔρριπτον zu ändern.
†††) A. a. O. S. 212.

auch nicht auffällig ist, dass Pollux κότταβος im Sinne von
λατάξ gebraucht*), so erregt doch die Erwähnung einer Kugel,
die neben den drei ὀξύβαφα zusammen mit einer πλάστιγξ sowie
mit drei Myrtenzweigen auf dem Wasser schwimmen soll, grosses
Befremden. Es wird wohl die Vermutung richtig sein, dass
Pollux hier zwei verschiedene Gattungen des Spieles, den
κότταβος δι' ὀξυβάφων, zu dem die τρία ὀξύβαφα gehören, und
den κότταβος κατακτός**), zu dem die πλάστιγξ (und der
μάνης) gehörte, vermengt hat. Immerhin aber vermögen
wir aus unseren Quellen nicht zu erklären, was hier eine
Kugel für eine Bedeutung haben soll ***).

Statt einer Mehrzahl von Schälchen (ὀξύβαφα) wird in
anderen Stellen nur ein solches oder auch ein Becher (ποτήριον,
λεκάνιον σμικρόν) erwähnt, so im Schol. zu Aristoph. Pac. 1244
μεταξὺ †) τοῦ συμποσίου ἐτίθεσαν ἀγγεῖον, ὅμοιον λεκάνῃ. ὕδατος
πλῆρες, καὶ ἐν τῷ ἀγγείῳ τούτῳ ὅμοιόν τι ποτήριον περιεπήγνυσαν,
καὶ κύκλῳ ††) τῆς λεκάνης ψορσύνας καὶ ἔβαλλον εἰς τὸ ποτήριον ἐκεῖνο
τὸ ἀπολειπόμενον καὶ ὁ καταδύσας τὸ ποτήριον ἐνίκα. — ἕτερον δὲ (εἶδος)
ἀγγεῖόν τι ἐοικὸς λουτῆρι πλῆρες ὕδατος, ἐν ᾧ ὀξύβαφον ἦν ἐπιπλέον
(τὸ πλῆθος †††)], ὅπερ καταδύειν ταῖς λάταξιν ἐπειρῶντο, ferner im
Etym. magn. p. 533, 16 ὁ δὲ κότταβος ἦν τοιοῦτόν τι· λεκάνιον
ἐν τῷ μέσῳ κείμενον τοῦ συμποσίου ἔχον ἐπιπλέον ἕτερον σμικρόν,
ὃ ἔδει καταδύσαι τὸν πέμψαντα τὸ περιττὸν τοῦ πόματος.

Wie verhält sich nun die einfache Form, wie wir sie
bei Kritias, bei Platon, dem Komiker, finden, zur παιδιὰ ἐν

---
*) Hierüber s. Exkurs I und II.
**) Iherüber s. Kap. II, § 2.
***) Anders steht es mit den τρία μόρσιναι; diese entsprechen dem
erotischen Charakter des Spieles.
†) S. S. 15. Anm. *).
††) Vielleicht ποτήριον· καὶ περιεπήγνυσαν κύκλῳ.
†††) Blaydes schlug wegen der Worte τὸ πλῆθος, die ich als Glossem
betrachte, vor: ὀξυβάφων ἦν ἐπιπλεόντων πλῆθος.

λεκάνη des Athenaeus, dem κότταβος δι' ὀξυβάφων der Scholiasten? Eine Betrachtung der Stellen, in denen auf die letztere Art deutlich Bezug genommen ist, zeigt uns, dass die Annahme, als wäre der κότταβος δι' ὀξυβάφων erst gespielt worden, nachdem die „einfache Art" abgekommen war, unhaltbar ist. Die Möglichkeit ferner, dass beide Arten eigentlich ein und dieselbe seien, indem diejenigen Stellen, in welchen die ὀξύβαφα nicht erwähnt, als gedrängte Erklärungen zu fassen seien, ist dadurch ausgeschlossen, dass noch einige von den jüngeren Gewährsmännern die einfache Form kennen, während wir wieder bei einigen älteren Anspielungen auf den κότταβος δι' ὀξυβάφων finden. Es dürfte daher die Vermutung, dass beide Arten ziemlich gleichzeitig beliebt waren, zu recht bestehen. Damit soll aber nicht gesagt sein, dass die einfache Art nicht die häufigere gewesen oder dass der κότταβος δι' ὀξυβάφων nicht aus jener hervorgegangen sei.

Dass infolge der Notwendigkeit einer Profilzeichnung der Ziel-Becken die Schälchen des κότταβος δι' ὀξυβάφων nicht angedeutet werden konnten, und dass somit in den Darstellungen auf Vasen, selbst wenn sie das Becken zeigen (was meines Wissens nicht immer der Fall ist), ein Unterschied zwischen der einfachen Art und dem κότταβος δι' ὀξυβάφων nicht zum Ausdrucke gebracht werden konnte, ist klar. Die Frage aber, wie viel von den Kottabos-Darstellungen — bis jetzt sind ungefähr 80 bekannt — auf die einfache Art und den κότταβος δι' ὀξυβάφων zusammen entfallen, auch diese kann positiv von dieser Stelle noch nicht beantwortet werden, da eine weitere Scheidung unter ihnen erfolgen muss, die uns in einem dem Charakter des Spieles gewidmeten Kapitel beschäftigen wird. Hier genüge es, vorläufig zu bemerken, dass ungefähr die Hälfte aller Kottabos-Darstellungen dem κότταβος κατακτός zuzuweisen sind, mit dem wir uns nunmehr befassen wollen.

§ II. κότταβος κατακτός.

Die Natur des κότταβος κατακτός bedingt eine von der bisherigen vollständig abweichende Darstellungsweise. Während wir bildliche Darstellungen der einfachen Art und des κότταβος δι' ὀξυβάφων nur auf Grund einiger nicht gar rasch in die Augen fallenden Anzeichen erkennen, haben wir für die Darstellungen des κότταβος κατακτός ein deutliches Kriterium, das Geräte selbst*). Und nicht bloss dies: Wir besitzen seit einigen Jahren auch eine Anzahl von Originalen, die uns so manchen Zweifel lösen. Diese in aufmerksame Betrachtung zu ziehen sind wir um so mehr genötigt, als die litterarischen Überlieferungen über den κότταβος κατακτός so viele Irrtümer und leere Fiktionen enthalten, dass, bevor die Originale gefunden waren, es keinem Gelehrten glückte, Klarheit zu schaffen; erst sie geben uns nun die Möglichkeit, zu sehen, inwieweit das, was die älteren Erklärer überliefern, richtig ist.

Die erste von den sieben als Kottabos-Geräte erkannten Bronzen — sechs von den sieben stammen aus Etrurien —

---

*) Die Anschauung Kleins (a. a. O. S. 141) und Stephanis (a. a. O. S. 224), dass so und so viele Vasenmaler nur der Mangel an Platz verführt habe, sich mit einer um die ῥάβδος κοτταβική verkürzten Darstellung zu begnügen, dass also auch jene Vasenmaler, welche die ῥάβδος κοτταβική nicht darstellen, gleichwohl den κότταβος κατακτός im Auge haben und nicht jene Arten, bei welchen dieselbe thatsächlich nicht vorhanden war (das Spiel mit der einfachen λεκάνη und den κότταβος δι' ὀξυβάφων), kann ich nicht teilen, auch auf die Gefahr hin, mit Heydemann von den Anhängern Stephanis unter diejenigen gezählt zu werden, „denen die Grundgesetze antiker Kompositionsweise unbekannt geblieben sind". Für eine ῥάβδος κοτταβική ist immer noch Platz; sie konnte — dies ist auf verschiedenen Bildern wirklich der Fall — hinter einer κλίνη eingezeichnet werden, so dass nur der obere Teil sichtbar ist.

wurde im Jahre 1886 in dem Frontone genannten Bezirke der (etrurischen) Totenstadt unweit Perugia in einem Grabe gefunden. Die Deutung der beiden Gelehrten Barnabei und Helbig, welche die Geräte bald nach ihrer Entdeckung publizierten, blieb unangefochten, da auf jenes vollständig die Beschreibung passt, wie sie Athenaeus und die auf diesem fussenden Scholiasten zu Aristoph. Pac. 1244 und Lucian, Lexiph. 3 geben *). Athenaeus schildert den κότταβος κατακτός XV, p. 667 d e also: τὸ δὲ καλούμενον κατακτὸν κοτταβεῖον τοιοῦτόν ἐστι· λυχνίον ἐστὶν ὑψηλόν. ἔχον τὸν μάνην καλούμενον, ἐφ' ὃν τὴν καταβαλλομένην ἔδει πεσεῖν πλάστιγγα πληγεῖσαν τῷ κοττάβῳ **), ἐντεῦθεν δ'ἔπιπτεν εἰς λεκάνην ὑποκειμένην κτλ; der Scholiast zu Lucian, Lexiphanes 3 aber sagt: ὁ μὲν κατακτὸς τοιοῦτος· ἦν τι οἱονεὶ λυχνίον ὑψηλὸν ἔχον ἐν ἑαυτῷ πρόσωπόν τι, ὃ ἐκαλεῖτο μάνης. ἐφ' οὗ ἔδει πεσεῖν τὴν καταβαλλομένην πλάστιγγα.

Alles traf in dem neuen Funde zu: ein (c. 1,80 m) hohes leuchterähnliches Gestell, das ein Statuettchen trägt und ungefähr in der Mitte des Schaftes mit einem Ring versehen ist, offenbar bestimmt, die „λεκάνη ὑποκειμένη" zu tragen. Dass die durch die λάταξ herabzuschleudernde πλάστιγξ nicht ausserhalb dieses mit dem Manes - Figürchen versehenen Gestelles sich befand ***), sondern auf jenem Figürchen in der Schwebe lag — auf den Vasenbildern fehlt letzteres durchgehends, die πλάστιγξ liegt hier unmittelbar auf der Stabspitze im Gleichgewicht — geht aus dem bereits oben zitierten

---

*) Dass aber der erstere von diesen κότταβος δι' ὀξυβάφων und κότταβος κατακτός nicht aus einander hält, beweisen die Worte ἀγγεῖον ὅμοιον ὀξυβάφῳ (s. S. 40).

**) Über die Vertauschung von λάταξ und κότταβος s. Exkurs I u. II.

***) „ἤρτητο" im Schol. zu Aristoph. Pac. 1244 ist nicht von Belang, da, wie bereits angedeutet, klar ersichtlich ist, dass der Scholiast keine klare Vorstellung von der Sache hat.

Fragmente aus den Ἀφροδίτης γοναί des Antiphanes hervor, wo einer auf die Frage ποίαν παίζειν ποιήσομαι πλάστιγγα; zur Antwort erhält τοῦτο τοὐπικείμενον ἄνω τὸ μικρόν, τὸ πινακίσκιον. Des weiteren wird die von Athenaeus im XV. Buche, p. 667 d e gegebene Erklärung des κότταβος κατακτός, welche, wie wir gesehen haben, auf das von Barnabei und Helbig richtig erkannte Geräte vollkommen passt, bestätigt durch das vom Naukratiden im XI. Buche, p. 487 e (Kock, C. A. F. I, S. 237. No. 47) überlieferte Fragment aus den Μοῖραι des Hermippos. In diesem sagt einer zur Charakteristik der allgemeinen Mobilmachung im Kriege

    ῥάβδον δ' ὄψει τὴν κοτταβικὴν
    ἐν τοῖς ἀχύροισι κυλινδομένην,
    Μάνης δ' οὐδὲν λατάγων ἀίει,
    τὴν δὲ τάλαιναν πλάστιγγ' ἂν ἴδοις
    παρὰ τὸν στροφέα τῆς κηπαίας
    ἐν τοῖσι κορήμασιν οὖσαν.

Das wichtigste aller gleichzeitigen Zeugnisse sind jedoch die Verse 1240—1244 im Frieden des Aristophanes. Dort frägt ein σαλπιγγοποιός nach Beendigung des Krieges missmutig den Trygäus, was er jetzt mit seiner Trompete, die ihn 60 Drachmen gekostet, machen solle und erhält von jenem den Rat, die Öffnung mit Blei auszugiessen (damit die Trompete besser stehe), oben aber, nämlich in das Mundstück, einen langen Stab zu stecken, um somit einen κότταβος κατακτός zu erhalten:

    Μόλυβδον ἐς τουτὶ τὸ κοῖλον ἐγχέας
    Ἔπειτ' ἄνωθεν ῥάβδον ἐνθεὶς ὑπόμακρον
    Γενήσεταί σοι τῶν κατακτῶν κότταβον.

Hier haben wir doch offenbar einen Hinweis auf die von Athenaeus geschilderte Form, wie er deutlicher nicht gedacht werden kann. Warum Trygäus dem Fragenden rät, in das

Mundstück einen Stab zu stecken, ist klar. Die Trompete, die kaum 1 m lang ist, ist nämlich für einen κότταβος καταχτός, der auf den Vasenbildern durchgehends über mannshoch gezeichnet ist, zu kurz. Würde nun die πλάστιγξ unmittelbar auf das Mundstück der Trompete gelegt, so wäre ein Treffen der ersteren kein besonderes Kunststück. Wie eine Probe zeigen wird, war es dagegen ziemlich schwer, unter Beobachtung der beim Schleudern der λάταξ geforderten Haltung der Hand eine in einer Höhe von c. 2 m aufgestellte Scheibe zu treffen. Dass Aristophanes dieses Zielschälchen (πλάστιγξ) nicht nennt*), ist nicht auffallend. Die πλάστιγξ ist zwar ein notwendiger Bestandteil des κότταβος καταχτός, sie ist aber kein vom Gestelle untrennbarer Teil, da sie ja auf dieses nur gelegt wird**). Sie braucht daher hier, wo es sich nur um den Träger der πλάστιγξ handelt, nicht genannt zu werden.

Auffallend dagegen erscheint es, dass die λεκάνη, in welche nach Athenaeus die von der λάταξ getroffene πλάστιγξ fallen musste, sowohl bei Aristophanes als auch bei Antiphanes und Hermippus fehlt. Fragen wir uns aber: Was hatte die λεκάνη ὑποκειμένη für einen Zweck, so wird die Verwunderung nicht lange währen. Bisher wurde allgemein angenommen, sie habe die Aufgabe gehabt, den beim Kottabos-Spiel erforderten ψόφος zu verursachen. Diese Annahme aber ist falsch in beiden Teilen, einmal, weil jene Forderung nicht bestand — wie später weiter ausgeführt werden soll, geben die dies-

---

*) Dass das bei Aristophanes ebenfalls nicht genannte Manes-Figürchen kein wesentlicher Bestandteil des Kottabos-Gerätes ist, wird aus dem Folgenden erhellen.

**) Auf Vasenbildern ist häufig dargestellt, wie die durch einen glücklichen Wurf herabgeschleuderte πλάστιγξ durch einen Teilnehmer am Spiele wieder auf die ῥάβδος κοτταβική gelegt wird.

bezüglichen Angaben der Scholiasten auf eine Verwechselung von Zweck und Folge zurück — zweitens, weil ihr eine ungefähr in halber Höhe des Stabes angebrachte Schüssel nicht besonders genügt hätte. Angenommen, es sei wirklich ein möglichst lauter ψόφος Selbstzweck beim Spiele gewesen, so kann doch nicht behauptet werden, dass ein solcher ψόφος ausschliesslich oder vorwiegend nur durch eine solche λεκάνη hervorgerufen werden konnte. Die auf dem μάνης schwebende dünne, kleine Platte oder Schale klirrte, wenn sie auf dem Boden auffiel, also eine grössere Fallbahn zu durchmessen hatte als die Entfernung der unteren λεκάνη vom μάνης betrug, und wenn sie dort weiter rollte, wohl mehr, als wenn sie in die λεκάνη fiel und dort liegen blieb. Abgesehen davon ist zur Erzeugung eines Getöses eine flache Scheibe mindestens ebenso dienlich wie eine Schüssel, vielleicht noch besser. Nirgends aber ist von einem δίσκος die Rede. Welchen Zweck hatte nun aber die λεκάνη am Kottabos-Ständer? Allem Anscheine nach keinen anderen als den, ein Fortrollen der durch die λάταξ herabgeschlagenen πλάστιγξ auf dem Boden zu verhüten, mit anderen Worten: zu bewirken, dass diese nach einem glücklichen Wurfe wieder rascher auf ihren Platz gelegt werden konnte. Mannigfache Einsprüche werden gegen meine Deutung erhoben werden. Einigen möchte ich schon im Voraus begegnen. Man wird sagen: „Erstens haben wir an unseren Exemplaren keine λεκάναι sondern Scheiben." Ich kann das nicht in Abrede stellen und werde trotzdem in meiner Meinung bestärkt. Die untere πλάστιγξ des zu Naukratis in Ägypten gefundenen Kottabos-Ständers*) hat nämlich einen senkrecht aufgebogenen Rand, der die Scheibe

---

*) S. No. 7 des im Anhange gegebenen Verzeichnisses der bisher aufgefundenen Originale.

27

befähigt, dasselbe zu bewirken wie die Höhlung einer Schüssel, nämlich die πλάστιγξ aufzufangen. Es ist nicht ausgeschlossen, dass auch die anderen erhaltenen Pseudo-λεκάναι diesen Rand hatten. Dass er am ehesten von der Oxydation ergriffen wurde und somit leicht abfallen konnte, ist klar; ist doch von der unteren Scheibe des im hiesigen Antiquarium befindlichen Originales so viel abgebröckelt, dass sie von der herabgeschleuderten πλάστιγξ kaum mehr viel berührt werden konnte. „Zweitens", wird man sagen, „scheinen auch die Vasenbilder öfter eine von der Seite gesehene Scheibe darstellen zu sollen als eine Schale oder Schüssel." Dem ist entgegenzuhalten, dass erstens sehr viele von den Vasen deutlich eine von der Seite gesehene λεκάνη zeigen, ungefähr so.

Ferner muss die Figur 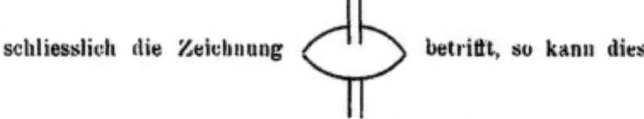 nicht unbedingt

die Profilzeichnung einer glatten Scheibe sein, es kann dies ebensogut eine Scheibe mit aufgebogenem Rande sein. An eine solche denke ich bei der vorliegenden Zeichnung schon deshalb, weil man schwerlich eine Platte verwendete, deren Dicke dem Durchmesser des Stabes nahezu gleichkommt. Was

schliesslich die Zeichnung betrifft, so kann dies

ebenso gut eine halb von oben gezeichnete λεκάνη wie eine flache Scheibe sein. Oft ist die Zeichnung so ungenau, dass eine Entscheidung nach der einen oder anderen Seite absolut nicht gefällt werden kann. Die Vasenbilder sprechen also wohl nicht gegen meine Anschauung. Pollux liefert mir einen weiteren Beweis für dieselbe. Er vergleicht VI. 110 den κότταβος κατακτός mit einem πόλος (γνώμων). Diese Art von Sonnenuhr bedingt aber nachgerade eine halbkugelförmige λεκάνη, keine Scheibe.

Nachdem also die untere λεκάνη nur oder doch hauptsächlich zur Bequemlichkeit der Spieler eingeführt worden zu sein scheint — auf vielen Vasen fehlt sie, z. B. auf dem bei Panofka „Bilder antiken Lebens" (Berlin 1843), Taf. XII, 1 reproduzierten Bild[*]) — jedenfalls aber kein wesentlicher Bestandteil des Spielgerätes war, kann es auch nicht besonders auffallen, wenn die genannten Dichter sie nicht erwähnen.

Es gilt dies auch von jenen wenigen Darstellungen, in welchen die Kottabos-Ständer mit mehreren λεκάναι versehen sind, wobei dann die Stäbe gewöhnlich eine gebrochene Linie bilden. Diese Häufung kann ebensogut zu dem von uns angenommenen Zwecke eingeführt worden sein. Wurde nämlich die πλάστιγξ mit besonderer Kraft herabgeschleudert, so konnte es vielleicht doch das eine oder andere Mal vorkommen, dass sie wenn der Schaft gerade war und nur e i n e λεκάνη hatte, nicht i n letztere, sondern ü b e r sie h i n a u s fiel. War dagegen der Stab geknickt und mehrere λεκάναι an demselben angebracht, so konnte dieser Fall nicht eintreten.

Barnabei[**]) glaubt, dass das Ziel nicht in der πλάστιγξ an und für sich bestand, sondern in einem Gegenstande, der auf derselben und zwar nahe dem Rande aufgestellt war und dem ein in dem entgegengesetzten Punkte des Durchmessers in einem Loche befestigter Gegenstand das Gleichgewicht hielt.

[*]) No. 41 des im Anhange gegebenen Verzeichnisses der das Kottabos-Spiel darstellenden Vasenbilder etc.
[**]) A. a. O. S. 318.

Hätte Barnabei die später als das ihm vorliegende Exemplar aufgefundenen πλάστιγγες gekannt, so wäre er nicht zu dieser falschen Vermutung gekommen. Einzig die ihm bekannte πλάστιγξ hat nahe der Peripherie ein Loch. Dieses diente aber nicht, wie Barnabei meint, dazu, ein Häkchen zu fassen, um jenem Zielgegenstand das Gleichgewicht zu halten, sondern wenn es überhaupt einen Zweck hatte, was fraglich ist, nur dazu, um kleine Messingplättchen oder ein Glöckchen aufzunehmen *). Barnabei war zu seiner Ansicht gekommen, weil er glaubte, dass die ungefähr in Manneshöhe befindliche πλάστιγξ zu schwer zu treffen gewesen sei, mochte dies nun (mit einem Kernwurf) an die Kante oder (mit einem Bogenwurf) auf die Oberfläche zu geschehen haben. Selbst wenn er letzteren Fall annehme, bleibe immer noch zu bedenken, dass die λεκάνη ὑποκειμένη, wenn sie noch so klangvoll gewesen, durch den Fall einer kleinen Schale nie einen Ton von besonderer Stärke habe hervorbringen können. Dass dies aber gar nicht erforderlich war, haben wir soeben bewiesen. Ausserdem übersieht Barnabei — dies ist aus den Vasenbildern mit Sicherheit zu entnehmen — dass weder mittels Bogenwurf die Oberfläche, noch mittels Kernwurf die Kante der πλάστιγξ zu treffen war, sondern mittels eines Kernwurfes die u n t e r e Fläche, indem die Stäbe fast durchgehends weit über manushoch dargestellt sind, und es nahezu unmöglich sein dürfte, ein höher gelegenes Ziel mittels eines Bogenwurfes zu treffen.

Andrerseits würde ja der Forderung eines Getöses, welche Barnabei annimmt, durch eine Bronze-Schale oder -Platte, wenn sie auf der λεκάνη auffällt, sehr wohl Genüge gethan. Dass der Lärm, den eine mit jenem „Gegenstande" und seinem

---

*) Dass diese, wie Helbig glaubt, den Lärm beim Fallen der πλάστιγξ auf die λεκάνη ὑποκειμένη, vermehren mussten, ist, wie bereits angedeutet, unrichtig.

Gleichgewicht versehene πλάστιγξ gemacht hätte, bedeutend grösser gewesen wäre, als wenn jener (kleine!) Gegenstand fehlte und statt des zu diesem gehörigen Gegengewichtes klirrende Plättchen oder Glöckchen angebracht waren, kann ich nicht glauben, jedenfalls verursachte ihn zum überwiegenden Teile die πλάστιγξ selbst.

Welche Bedeutung hat nun aber die bei Athenaeus genannte Manes-Figur an den Kottabos-Stäben? Auf den Vasenbildern sehen wir sie nirgends, während sie bei der Mehrzahl der Originale sich findet *). In den Versen aus dem Frieden des Aristophanes ist er nicht erwähnt, wohl aber bei dem gleichzeitigen Dichter Hermippus. Worauf ist dieser Umstand zurückzuführen? Betrachten wir uns zunächst das kunstvollste aller erhaltenen, das im Berliner Museum befindliche Exemplar **). Das durch kräftige Modellierung — ich gebe C. Roberts Beschreibung im Auszuge wieder — wie durch vorzügliche Erhaltung gleich ausgezeichnete Bronzefigürchen erweist sich, wenn auch über den Fundort nichts Näheres bekannt ist, als etruscische Arbeit. Auf einer cylinderförmigen Hülse (2″ hoch), die einige Centimeter vom unteren Rande weg 2 gegenüber liegende Löcher aufweist, welch letztere ohne Zweifel zur Aufnahme eines Stiftes zur Befestigung des Figürchens auf der ῥάβδος κοτταβική bestimmt waren — eine Vorrichtung, die an den vorher bekannt gewordenen, aus Frontone stammenden Exemplaren nicht zu bemerken ist —, erhebt sich auf dem linken Fusse balancierend eine männliche Figur (4⅚″ hoch). Die rechte Hand hält ein Trinkhorn und ist derart in die Höhe gestreckt, dass sie mit dem linken Bein eine senkrechte, die Kottabos-

---

*) S. das Verzeichnis derselben im Anhang.

**) No. 4 des im Anhange gegebenen Verzeichnisses der bisher einzeln aufgefundenen Manes-Figürchen.

Stange nach oben fortsetzende Linie bildet. Robert hebt mit Recht die mathematisch genaue Anlage des Figürchens hervor; da nämlich dem rechten emporgezogenen Beine der herabhängende mit einem Tuch — Robert erklärt dies als das *mantele*, mit welchem der Sklave nach erfolgtem Wurfe die auf den Boden gespritzte λάταξ aufwischen muss — umwundene linke Arm entspricht, haben wir in der Silhouette der Figur ein gleichschenkliges Dreieck, dessen verlängerte Mittelsenkrechte der linke Fuss, der Rumpf und der rechte Arm bilden. Der Meinung Helbigs, dass das allen bekannten Manes-Figürchen zu Grunde liegende Motiv die Vorstellung ist, dass ein Sklave die πλάστιγξ emporhalte, pflichtet Robert mit Recht bei[*]).

Die Thatsache, dass Μάνης ein gewöhnlicher Sklavenname war[**]) — auch für weibliche Sklaven ist das Wort in der Form Μανία[***]) gebräuchlich, — ist von grosser Bedeutung.

---

[*]) Nur findet er weder bei dem vorliegenden noch bei den von Helbig (Mitteil. des röm. Instituts 1886, S. 222 fg., 234—242) publizierten Peruginer Exemplaren in Stellung und Gesichtsausdruck Furcht oder Schmerz, sondern lediglich die durch das anhaltende Balancieren auf einem Bein hervorgebrachte Ermüdung ausgedrückt, worin er gewiss irrt, denn mit der strammen Haltung des Armes lässt sich der Ausdruck „Ermüdung" nicht vereinbaren.

[**]) Schol. zu Hom. Il. E. 185: Μάνης .... δουλικὸν ὄνομα παρὰ τοῖς παλαιοῖς, ἐξ οὗ μετῆκται καὶ εἰς τι παικτικὸν πρόσωπον, ὃ καὶ αὐτὸ μάνην ἐκάλουν. Schol. zu Aristoph. Av. 523 Μανᾶς· οὕτω γὰρ ἐκάλουν τοὺς οἰκέτας πολλάκις. Strabo gibt dem Namen Μάνης bald paphlagonischen (p. 553), bald phrygischen (p. 304) Ursprung. Dafür, dass Μάνης eine besondere Spezies von Sklaven bezeichnete, wie Becq de Fouquières annimmt — er hält Aristoph. Av. 1325 für geeignet, den Typus des Μάνης festzusetzen —, dafür fehlen uns alle Belege.

[***]) Eine Μανία finden wir z. B. in der oben (S. 19) angeführten Stelle aus den Ἀποκοτταβίζοντες des Amcipsias.

Wir sind zur Vermutung berechtigt — schon Robert hat sie angedeutet, wenn er sagt, dass die Bronze-Figur an die Stelle des Sklaven getreten — dass das Figürchen nicht eigens zum dekorativen Schmucke erfunden wurde, dass es auch nicht den Wurf erschweren sollte, wie Becker-Göll*) und Blümner**) meinten, sondern dass es eine Reminiscenz an die Zeit war, wo man von der einfachen Art des Kottabos-Spieles – ich betone das letztere Wort im Gegensatze zum κότταβος als Spende für eine geliebte Person***) — den κότταβος κατακτός in seiner ursprünglichen Gestalt aufbrachte, indem man nämlich einem Sklaven die Schale, die bis dahin auf dem Boden stand, in die Höhe halten liess. Robert sagt treffend bezüglich der Gegenstände, welche die Figürchen halten und welche der πλάστιγξ als Unterlage dienen sollen, dass sie ihrer ursprünglichen Bestimmung nach dazu wenig geeignet sind, dass aber die scheinbar befremdliche Wahl derselben sich vollkommen erklärt, wenn wir eine Art des Kottabos-Spieles annehmen, bei welcher die λάταξ nach einem von einem Sklaven hochgehaltenen Gegenstand geschleudert wurde. Die Frage nun, worin letzterer bestand, glaubt Robert dahin beantworten zu können, dass er sagt: „Bald mochte es ein aus Bronze gebildeter Kopf sein, wie im Σαλμωνεύς des Sophokles†) und wie ihn als Widderkopf gestaltet die als Μανία fungierende Hetäre des Kottabos-Gestelles im Museum zu Perugia hält ††), bald ein Trinkhorn, wie wir es in den

---

*) A. a. O. II, S. 370.
**) „Leben und Sitten der Griechen" (Leipzig u. Prag 1887), II. Abt. S. 49 ff.
***) Hierüber s. Kap. IV.
†) Nauck, T. G. F., S. 250, Nr. 494; Athen. XI, p. 487 d.
††) No. 2 des im Anhange gegebenen Verzeichnisses der bisher aufgefundenen Originale.

Händen des Berliner und des einen Peruginer Manes finden." Was den letzteren Teil der Vermutung betrifft, so stimme ich Robert vollkommen bei, mit dem ersten aber stehe ich im Gegensatz. Vor allem glaube ich, dass wir es bei dem Gegenstande, welchen die als μάνης dienende Hetäre des Museums zu Perugia hält, nicht schlechthin mit einem Widderkopfe zu thun haben, sondern mit einem in der Form eines solchen konstruierten Rhyton oder Trinkhorn, wie wir es häufig finden, eine Meinung, welche Robert selbst stützt, wenn er im Anschlusse an die oben angeführte Vermutung sagt: „In letzterem Falle (nämlich wenn der von der Figur gehaltene Gegenstand ein Trinkhorn war) galt es die λάταξ in das Trinkhorn zu schleudern wie in die auf den Boden gestellte Schale oder bei der παιδιά ἐν λεκάνῃ in die auf dem Wasser schwimmenden Näpfchen." Zweitens aber ist, wie aus der Stelle des Athenaeus X, p. 487 d e ersichtlich — sie ist Robert offenbar entgangen —, in den Worten χάλκειον κάρα des Sophokles nicht ein vom Sklaven gehaltener Bronzekopf, sondern der Kopf des Manes-Figürchens selbst zu verstehen [*], mit anderen Worten, wir haben eine Anspielung darauf, dass die Bronze-Figur wie früher der Sklave sehr häufig durch den an dem emporgehaltenen Gegenstande abprallenden Wein getroffen wurde [**]. Dass der Dichter statt des empor-

[*] Dies schliesst natürlich nicht aus, dass die Platte nicht direkt auf der Hand, sondern mittelbar auf einem von letzterer gehaltenen Gegenstand ruhte.

[**] Heydemann (a. a. O. S. 230), Maltos (a. a. O. S. 111 Anm.) und Barnabei (a. a. O. S. 322 fg.) glaubten fälschlich, dass von dieser schlechten Behandlung, bezw. vom Sklavendienste, die Schale zu halten, das Figürchen seinen Namen erhielt. Mit der Zeit, meint Barnabei, habe man der Figur des Sklaven eine elegantere substituiert, wie z. B. die der Hebe (vgl. Nonnus, Dionys. XXXIII, 74) und jene, welche auf den Peruginer Kottabos-Stäben erhalten sind.

gehaltenen Gegenstandes den Kopf der Figur nennt, der,
wenn jenes eigentliche Ziel getroffen war, auch seinerseits
von der λάταξ überschüttet wurde, ist doch nicht auffällig.
Von diesem Gesichtspunkte aus kann ich eben nicht finden,
warum χάλκειον κάρα eine keineswegs sonderlich treffende
Bezeichnung für die Figur, auf die es schon im Altertum
bezogen wurde, sein sollte. Freilich pflichte ich keineswegs
Helbig*) und Mercer**) bei, die annehmen, dass da, wo der
μάνης vorhanden, die πλάστιγξ fehlen konnte, dass es also eine
Spielart gegeben habe, bei welcher nicht eine auf dem μάνης
balancierende πλάστιγξ, sondern der μάνης selbst das Ziel
der λάταγες gewesen sei***). Denn wie Robert hervorhebt
liegt in der Gestaltung der bis jetzt gefundenen Manes-
Figürchen, die ausnahmslos als Träger der πλάστιγξ
komponiert sind, nichts, was zum Beweise für diese Annahme
dienen könnte. Darauf, dass in diesem Falle, wo die Ziel-
fläche eine so kleine gewesen wäre, ein glücklicher Wurf
nicht leicht stattgefunden hätte, darauf hat schon Barnabei
hingewiesen. Wenn ferner in jener Zeit, wo noch ein Sklave
das Ziel zu halten hatte, die λάταξ dann und wann von an-
geheiterten Spielern statt in das Trinkhorn †) gegen den Kopf
des Sklaven geschleudert wurde, wie es seitens der Enkel
des Oineus oder der Freier der Penelope gegen den Kopf des

---

*) A. a. O. S. 237.

**) In „The Athenaeum" 1887, S. 900 fg.

***) Mercer glaubt sogar, dass hiebei der μάνης zum Falle in die
λεκάνη gebracht werden musste, obwohl alle bisher bekannten Manes-
Figürchen, besonders das im Berliner Museum, auf einer Hülse stehen,
die auf dem Stabe festsass.

†) Mit diesem steht nach dem Gesagten χάλκειον κάρα nicht auf
gleicher Stufe, wie Robert meint: letzteres bedeutet den Kopf des
Manes-Figürchens.

Oineus und Odysseus geschah*), so haben wir doch damit noch keinen Beweis dafür, dass später, wo an die Stelle des Sklaven als des Trägers des Ziel-Gefässes, in welches man die Neige schleudern musste, eventuell mit der Aufgabe, darin schwimmende Näpfchen unterzutauchen, ein winziges Figürchen getreten war, (bei dem das ψόφον ἐκτελέσαι doch kaum denkbar war, wenn nicht eine herabzuschleudernde πλάστιγξ hinzukam,) die Bronze-Figur das alleinige, das eigentliche Ziel war. Auch der Vers 1011 aus dem „Trinummus" des Plautus

„Cave sis tibi ne bubuli in te cottabi crebri crepent"

ist, wie man schon längst gesehen, nicht beweiskräftig für diese Annahme. Denn der Sinn der Worte kann nur sein: „Sieh dich vor, dass nicht der Ochsenziemer auf dich herunterprassele, wie auf einen das Kottabos-Ziel haltenden Sklaven die cottabi"**).

Infolge der Gefahr nun, von dem am Zielgefäss abprallenden Weine getroffen zu werden, hatte sich in jener früheren Zeit jeder bemüht, das Ziel möglichst hoch zu halten und gleichzeitig den Kopf zur Seite geneigt, um wenigstens das Gesicht zu schützen. Wenn aber der eine Arm so hoch gestreckt wird, muss der Körper ins Schwanken kommen, wenn er nicht durch Abwärtshalten des anderen Armes und Seitwärtsstrecken des einen Beines im Gleichgewicht gehalten wird. Daraus erklärt sich — Robert betont dies nicht genug — die mathematisch genaue Anlage des Berliner Figürchens, die „tanzähnliche" Bewegung der meisten Manes-Figürchen, die schon Helbig aufgefallen war, ohne dass er einen Grund für sie fand.

---

*) Euripides, Οἰνεύς (Athen. XV, p. 666 e), Aeschylus, Ὀστολόγοι (Athen. XV, p. 667 e).

**) Über cottabi statt latages s. Exkurs II.

Hiemit haben wir ein neues Bindeglied zwischen dem Kottabos-Spiel in der einfachen Form einerseits und dem κότταβος δι' ὀξυβάφων und dem κότταβος κατακτός andrerseits. Dass man, abgesehen von anderen praktischen Gründen [*]. schon deshalb bald vom Sklaven zum Ständer überging, weil, da man eine λεκάνη in seiner Mitte anbringen konnte, die Bequemlichkeit des Spieles erhöht wurde [**], ist ersichtlich; dass man aber das Spiel, wenn auch nur kurze Zeit, mit einem lebenden Ziel-Träger ausführte, das scheint schon aus der Gestaltung der Figürchen deutlich hervorzugehen.

Es steht uns aber ein noch weit mehr überzeugender Beweis für die Richtigkeit dieser Annahme zur Seite. Diesen liefern uns die Vasen, auf denen der κότταβος κατακτός dargestellt ist. Während die meisten der bisher aufgefundenen Kottabos-Stäbe den μάνης zeigen, finden wir denselben in keiner der Darstellungen auf Vasen, sondern die πλάστιγξ balanciert hier direkt auf der Spitze der ῥάβδος κοτταβική — ein Umstand, den Heydemann noch nicht bemerkt hatte, der aber Robert auffallend genug erschien, um seiner Erwähnung zu thun. Worin hat er seinen Grund? In lokaler Verschiedenheit? Gewiss nicht, denn die etrurischen Vasen, z. B. No. 62 des anhangsweise beigegebenen Verzeichnisses, stimmen in diesem Punkte mit den unteritalischen wie mit den attischen vollkommen überein. Oder etwa in zeitlicher Verschiedenheit? Um diese schwierige Frage zur Entscheidung zu bringen, ist es vor allem erforderlich, darauf Bedacht zu nehmen,

---

[*] Der Stab war ein verlässigerer Träger der πλάστιγξ als der Sklave; auf jenem lag diese in absoluter Ruhe, während der Sklave wohl oft zuckte, erstens, um nicht getroffen zu werden, und zweitens, weil der Arm bei der möglichst senkrechten Haltung sehr schnell ermüdete.

[**] Vgl. S. 25 ff.

dass keine der hier in Betracht kommenden Vasen dem schwarzfigurigen Stile angehört. Zum grössten Teile sind es rotfigurige Vasen des freieren, zum kleineren Teile des strengen Stiles. Bezeugt ist nun der μάνης in der Litteratur einerseits durch den Dichter der mittleren attischen Komödie Antiphanes für das 4., andererseits durch den Dichter der älteren attischen Komödie Hermippus für das 5. Jahrhundert. Zu diesen litterarischen Hinweisen stimmen auch die mit dem μάνης versehenen Originale, denn diese haben wir — dies schliesst Helbig aus den anderen in den gleichen Gräbern gefundenen Gegenständen — in das 5. Jahrhundert zu setzen. Soll also in einer zeitlichen Verschiedenheit des Spieles der Grund für das Fehlen des Figürchens auf Vasen liegen und zwar in der Weise, wie Robert annimmt, dass nämlich der Kottabos-Ständer mit Manes-Figürchen als höhere Stufe des anfänglich dieses entbehrenden Gerätes zu betrachten sei, so muss über die Zeit des Hermippus zurückgegangen werden. Diesen Weg schlägt in der That Robert ein, indem er die Vasen mit Darstellungen des Kottabos-Spieles in das 6. und das beginnende 5. Jahrhundert datiert und darnach die Behauptung aufstellt, der Kottabos-Ständer mit dem Manes-Figürchen sei eine Erfindung der zweiten Hälfte des 5. Jahrhunderts, vor dieser Zeit habe man nur den Kottabos-Ständer mit einer blossen Metallscheibe gekannt. Dagegen bemerke ich nur, dass Robert hiebei sich selbst widerspricht, da er ja annimmt, dass der μάνης an die Stelle des Sklaven getreten sei. Es wäre doch zu sonderbar, wenn zwischen der Zeit, wo man den Sklaven verwendete, und jener, wo man die Bronzefigur als seinen Stellvertreter einführte, man mehrere Dezennien hindurch mit dem einfachen Stabe gespielt hätte. Gegen die Annahme von einem so hohen Alter der Kottabos-Vasen kann freilich heutzutage kaum mehr etwas eingewendet werden. Die vor wenigen

Monaten auf der Akropolis zu Athen im Perserschutte gemachten Funde haben die zuerst von Ross, später von Löschcke, Winter, Studniczka u. a. vertretene Anschauung, dass die rotfigurige Vasenmalerei strengen Stiles vor 480 zu setzen ist, als die richtige dargethan. Ich beantworte nach all diesen Gesichtspunkten die oben aufgeworfene Frage dahin, dass, wenn die Vasenmaler das Figürchen durchgehends nicht anbrachten, dies eine wahrscheinlich aus technischen Gründen willkürlich vorgenommene Abbreviatur bedeute. Es dürfte in der That schwer fallen, mit dem Pinsel das Figürchen auf einem Vasenbilde durchschnittlicher Höhe einigermassen deutlich darzustellen. Auf einem solchen von 20 cm Höhe träfe auf den μάνης kaum mehr wie 1 cm.

Möglicherweise sind in unseren Sammlungen auch Kottabos-Stäbe vertreten, die den μάνης nicht hatten, und hat man sie nur deshalb, weil sie des charakteristischen Figürchens entbehren, nicht als solche erkannt.

Die Annahme, dass der μάνης der Vorläufer der λεκάνη ὑποκειμένη gewesen sei, nämlich in der irrtümlich angenommenen Aufgabe der Erzeugung eines ψόφος, ist schon deshalb unrichtig, weil wir an unseren Exemplaren, die aus dem 5. Jahrhundert stammen, Figur und λεκάνη finden. Abgesehen davon kann bei dem Herabgleiten der πλάστιγξ am Figürchen von einem ψόφος nicht die Rede sein.

Dass an Stelle der Figur zuweilen eine Herme die Spitze des Kottabos-Stabes bildete, folgert O. Jahn aus einigen Scholien[*] — wohl mit Unrecht. Erstlich haben wir auf dem Relief, das O. Jahn als Beleg für seine Meinung anführt[**],

---

[*] Schol. zu Lucian, Lexiph. 3; Schol. zu Aristoph. Pac. 1214 und Schol. zu Homer, Il F., 185 l.
[**] A. a. O. Taf. IV, 5.

sicherlich keine Darstellung des Kottabos-Spieles, geschweige
denn des κότταβος κατακτός. Es fehlt nicht nur das zum
Schleudern der λάταξ notwendige Gefäss in der Hand des auf
der κλίνη ruhenden Mannes, sondern es ist auch die massive
Säule**) weder mit der Beschreibung, wie wir sie sonst vom
κότταβος κατακτός finden, noch mit der Gestalt der ausgegrabenen Originale vereinbar. Andrerseits ist es bei der
sonstigen Bedeutung des Wortes πρόσωπον bei den Grammatikern — „Person" im grammatischen Sinne — doch nicht
auffallend, wenn sie es auch im Sinne von „menschliche Figur"
gebrauchen. Drittens ist an jenen Stellen überall erklärend
hinzugefügt μάνης, darunter verstehen wir aber eine ganze
Sklaven-Figur, und schliesslich kann diese Herme mit dem
ursprünglichen Charakter des μάνης absolut nicht in Verbindung gebracht werden.

§ III. Die falschen Erklärungen des κότταβος κατακτός.

Wir haben oben gesehen, dass sich der Sinn der Verse
Aristoph. Pac. 1242—1244, des *locus classicus* für den κότταβος
κατακτός, ohne jeden Zwang mit der Erklärung, wie sie Athenaeus von unserer Spielart gibt, in Übereinstimmung bringen
lässt. Die verhältnismässig grosse Anzahl der diese Art des Spieles
darstellenden Vasen hat die von Athenaeus beschriebene Form
als die richtige erwiesen. Trotzdem glauben einige Gelehrte,
auch unter den neueren Erklärern unseres Spieles, dass wir

**) Ein „dreifüssiges Becken" vermag ich auf derselben absolut
nicht zu entdecken.

in der von Athenaeus beschriebenen, durch die Vasenbilder bestätigten Form des Spieles nur e i n e Art des κότταβος κατακτός zu erkennen haben und dass es ausser dieser noch andere Arten desselben gegeben habe, wenngleich zuzugeben sei, dass man auf den vielen Kottabos-Vasen noch kein Anzeichen hiefür entdeckt habe. Dass die Scholiasten zu Aristophanes und Lucian, auf welche sich jene Gelehrte hiebei zumeist stützten, so und so oft rein phantasierten, das hatten sie eben nicht erkannt.

So glaubte z. B. O. Jahn*), der im Fragmente des Hermippus**) erwähnte Stab könne auch dazu gedient haben, das Gefäss, nach welchem die λάταξ geschleudert wurde, hoch a n z u h ä n g e n , trotzdem er bereits eine ziemlich grosse Anzahl von Vasenbildern kannte, in denen wohl die πλάστιγξ auf der Spitze der ῥάβδος κοτταβική in der Schwebe liegt, aber kein einziges, in welchem sie an derselben hängt. Das Scholion zu Aristoph. Pac. 1244, worauf sich O. Jahn beruft. (ἵστασαν ξύλον τι λυχνίῳ παραπλήσιον ἐν μέσῳ τοῦ συμποσίου καὶ ἀπ' ἐκείνου ἤρτητο ἀγγεῖον ὅμοιον ὀξυβάφῳ, εἰς ὃ τὸ καταλειπόμενον ἐν τῷ ποτηρίῳ ἠκόντιζον καὶ ὁ ἐπιτυχὼν ἐνίκα ist nichts weniger als beweiskräftig. Der ganze Passus ist augenscheinlich eine ungeschickte Vermengung der beiden Hauptgattungen des Spieles, nämlich derjenigen, bei welcher ein ἀγγεῖον mit oder ohne ὀξύβαφα das Ziel war, und der anderen, wo ein leuchterähnliches Gestell eine πλάστιγξ trug. Auch die Worte ὥσπερ κοτταβεῖον αἴρομαι im Fragmente aus dem Βελλεροφόντης des Eubulos (Kock. C. A. F. II, S. 171, No. 16; Athen. XV, p. 666e), das von einigen als Beleg für jenen „hängenden" κότταβος an-

---

*) A. a. O. S. 205.
**) S. S. 24.

geführt wurde, sind alles eher als eine Stütze für jene Annahme. αἴρομαι hat nicht nur die Bedeutung „hängen" sondern auch „schwanken, leicht befestigt sein", welcher Ausdruck auf die auf den Stab gelegte πλάστιγξ wohl passt. Wie übrigens letztere, wenn sie an dem Gestelle hing, auf einen μάνης herabfallen sollte — und das musste doch beim κότταβος καταχτός geschehen — darauf wird man allgemein die Antwort schuldig bleiben.

Eine zweite Fiktion, die noch mehr Anhänger hat wie die oben besprochene*), ist der „wageähnliche" κότταβος, der ebenfalls der falschen Auffassung eines Wortes seine Existenz verdankt. Da nämlich πλάστιγξ zumeist in der Bedeutung „Wagschale" vorkam**) und zu einer Wage zwei solcher πλάστιγγες erforderlich sind, konstruierte der Scholiast zu Aristoph. Pac. 343***) (Suidas s. v. κοτταβίζειν; die hier vorausgehenden Worte s. S. 13) — erst Higgins hat dies erkannt — folgende, allerdings nicht als κότταβος καταχτός bezeichnete, jedenfalls aber als κότταβος καταχτός verstandene Spielart: κότταβος παίγνιον ἦν παρὰ 'Αθηναίοις τοιοῦτον· ῥάβδος ἦν μακρὰ πεπηγμένη ἐν τῇ γῇ [καὶ ἑτέρα ἐπάνω αὐτῆς κινουμένη ὡς ἐπὶ ζυγίου]. εἶχε δὲ πλάστιγγας δύο, [ἐξηρτημένας καὶ κρατήρας δύο ὕδατος†)] ὑποκάτω τῆς ἀνωτέρω] τῶν πλαστίγγων [καὶ ὑπὸ τὸ ὕδωρ] ἀνδριὰς ἦν χαλκοῦς [κεκρυμμένος (!)††)], τοῦτο δὲ ἦν ἐν

*) Ich nenne O. Jahn, Maltos, Richter u. a. Auch Forbiger [„Hellas und Rom" IV. B., S. 124 (Leipzig 1870)] hielt diesen „wageähnlichen" κότταβος nicht für ausgeschlossen, meint jedoch, dass die eine Wagschale, das eine Becken und der eine μάνης, die in den meisten Quellen über das Spiel genannt sind, vollständig genügte.

**) Vgl. Hesychius (woraus Photius) s.v. πλάστιγξ· τοῦ ζυγοῦ τὸ ἀντίρροπον.

***) Ich versuche im Folgenden durch Einschliessung der anscheinend späteren Zuthaten mit [ ] die alte Quelle herzustellen.

†) Wohl zu ergänzen πλήρεις, vgl. Schol. zu Aristoph. Pac. 1244.

††) So ist wohl aus κεχρυσωμένος herzustellen (κεκρυμμένος noch zweimal im Folgenden!).

τοῖς συμποσίοις. καὶ πᾶς τῶν παιζόντων ἀνίστατο ἔχων φιάλην γέμουσαν ἀκράτου καὶ μηκόθεν ἱστάμενος ἔπεμπεν ὅλον τὸν οἶνον ὑπὸ μίαν σταγόνα εἰς τὴν ἀνωτέρω πλάστιγγα, ἵνα [γεμισθεῖσα βαρυνθῇ καὶ] κατέλθῃ [καὶ κατελθοῦσα κρούσῃ εἰς τὴν κεφαλὴν τοῦ ἀνδριάντος τοῦ ὑπὸ τὸ ὕδωρ κεκρυμμένου (!)] καὶ ποιήτῃ ἦχον. καὶ εἰ μὲν μὴ ἐκχυθῇ, [ἐκ] τοῦ οἴνου, ἐνίκα καὶ ἤδει ὅτι φιλεῖται αὐτὸς ὑπὸ τῆς ἐρωμένης. εἰ δὲ μή, ἥττατο. ἐλέγετο δὲ ὁ ἀνδριὰς [ὁ ὑπὸ τὸ ὕδωρ] κεκρυμμένος (!) Μάνης.

In Konsequenz der einmal angenommenen Vorstellung von einer wirklichen Wage bringt der Scholiast die ἑτέρα ῥάβδος ἐπάνω (τῆς ἐν τῇ γῇ πεπηγμένης), den Wagebalken, auf. Ebenso mussten ihm an die Stelle der einen λεκάνη, in welche nach der oben*) angeführten Stelle des Athenaeus XV, p. 667 d; Schol. zu Aristoph. Pac. 1244) die von der λάταξ getroffene πλάστιγξ fallen musste, zwei λεκάναι oder κρατῆρες ὑπὸ τῶν πλαστίγγων und ebenso zwei Manes-Figürchen treten. O. Jahn sagt**) mit Recht zu dieser Stelle: „Was mit dieser Verdoppelung des Apparates eigentlich erreicht werden sollte, ist nicht recht abzusehen, und es ist wohl Grund zu der Annahme, dass der Ausdruck πλάστιγξ zu der Vorstellung von einer vollständigen Wagschale (soll wohl heissen Wage) Veranlassung gegeben hat, welche dann auch zwei unter die Schalen gestellte Becken nötig machte". Ebenso bemerkt mit Recht derselbe Gelehrte bezüglich der Angabe, die Becken seien mit Wasser gefüllt gewesen: „Hier scheint eine unzeitige Reminiscenz an die noch zu erwähnende Art des κότταβος (Jahn meint den von Athenaeus XV, p. 667 e ungenau παιδιὰ ἐν λεκάνῃ genannten κότταβος δι' ὀξυβάφων) ein fremdartiges Element hineingebracht zu haben". Auch einige

---

*) S. S. 23.
**) A. a. O. S. 211.

seiner Nachfolger haben dieses Missverständnis als solches
erkannt. Auf einige Punkte aber, die mir nicht so ganz
unwesentlich erscheinen, da sie ein Zeichen für die Unzuverlässigkeit der Stelle sind, mag noch hingewiesen werden.
Wenn es heisst πᾶς τῶν παιζόντων ἀνίστατο ἔχων φιάλην γέμουσαν ἀκράτου καὶ μηκόθεν ἱστάμενος ἔπεμπεν ὅλον τὸν οἶνον,
so haben wir hier zwei ins Breite getretene (ἀνίστατο — μηκόθεν ἱστάμενος und ἔχων φιάλην γέμουσαν — ἔπεμπεν ὅλον τὸν
οἶνον) Punkte, die dem Wesen des Spieles vollständig zuwiderlaufen. Denn nirgends ist davon die Rede, dass man einen
vollen Becher statt der Weinneige schleuderte*). Groddek
kam über diese auffallende Stelle, die ganz allein steht,
dadurch hinweg, dass er meinte, „es mögen die Gesetze bei
einem blossen Gesellschaftsspiele nicht so strenge gewesen sein,
dass der Willkür der Spielenden nicht vieles wäre überlassen
worden. Und so geschah es, dass, da mehrere Arten den Wein
zu schleudern üblich waren, ein Schriftsteller diese, der andere
jene beschrieb". Dem ist aber dreierlei entgegen zu halten:
Einmal ist die Schwierigkeit bedeutend erhöht — und dieses
Bestreben tritt uns bei unserem Spiele mehrfach entgegen —
wenn mit einer geringen Quantität das Ziel sichtbar getroffen
werden musste, als wenn hiezu ein voller Becher zu Gebote stand. Zweitens heisst es denn doch den Luxus weit treiben
und erinnert schon fast an die üppigen Sitten der römischen
Kaiserzeit, wenn man zum Zeitvertreib so und so viele Becher
ungemischten Weines — ἀρκάτου sagt der Scholiast ausdrücklich
und auch bei Kratinos (Kock, C. A. F. I, S. 93, No. 273; Athen. XI,
p. 782 d; s. Exkurs V) ist von ungemischtem Weine die Rede,
aber nur von einem Reste, der zurückbleibt, nachdem δύο χοαί
weggetrunken sind — einfach in die Luft goss. Drittens aber

------

*) Vgl. τὸ ὑπολειπόμενον κτλ. S. 14.

beweist die Stelle aus den Ἀφροδίτης γοναί des Komikers Antiphanes (Athen XV, p. 667 a; vgl. Schol. zu Aristoph. Pac. 1244), die Groddek zur Stütze seiner Annahme anführt, so viel wie nichts. Hier wird eben noch kein Becher mit einer Neige vorhanden gewesen sein, d. h. die Scene spielt wahrscheinlich nicht w ä h r e n d oder n a c h dem Mahle, sondern v o r demselben, ähnlich wie es bei der Stelle aus dem Ζεὺς κακούμενος (s. S. 12) der Fall ist. Wenn unter solchen Umständen einer „ein wenig" Wein in die Schale giesst, so ist diese χοή eben der Neige eines bereits gefüllten Bechers entsprechend, nicht etwa ein Drittes, das, wie Groddek meint, neben Neige und vollen Becher zu reihen wäre. Nirgends ist ferner gesagt, dass man sich erhob, um die λάταξ stehend zu schleudern. Es bestand ja gerade die Schwierigkeit darin, dass man in liegender Stellung auf den linken Ellenbogen gestützt, mit der rechten Hand zierlich den Kottabos-Wurf ausführte*). Endlich sind ὑπὸ τὸ ὕδωρ κεκρυμμένος μάνης und ἦχον ποιεῖν Dinge, die sich nicht vereinbaren lassen. Denn dass eine Schale — nur Forbiger und Barnabei haben dies bemerkt — wenn sie auf eine Wasserfläche auffällt — noch dazu l e i c h t, denn ein Schluck Wein wog, wenn er auch geschleudert war, nicht so viel, dass er mit Wucht herabsank**) — einem Statuettchen, das u n t e r dem Wasser sich befindet, noch einen ψόφος oder ἦχος entlockt***), dürfte zum mindesten zu bezweifeln sein, abgesehen davon, dass fraglich ist, ob zwei Wagschalen, die durch die hineingeschleuderte λάταξ in Be-

---

*) S. Kap. III, § 1 und 2.

**) Forbiger scheint dies gefühlt zu haben, indem er sagt: „Dadurch dass der μάνης unter Wasser stand, wurde das Ziel erschwert, indem nun die Schale mit grösserer Kraft herabsinken musste, wenn sie den μάνης treffen sollte."

***) Darauf kam es ja nach der bisherigen Meinung an; s. S. 26 ff und Kap. III, § 4.

wegung versetzt werden, auch nur einmal unter zehn Fällen auf einem so kleinen Objekte, wie es der Manes ist, aufstossen *).

Das Scholion zu Vers 1242 der gleichen Komödie enthält das gleiche Missverständnis. es tritt hier noch evidenter zu Tage. Anfangs heisst es richtig zu μόλιβδον ἐς τουτί: ἀντὶ τοῦ μολίβδῳ τὸν κώδωνα τῆς σάλπιγγος πληρώσας. τὸν κώδωνα δὲ τῆς σάλπιγγος συμβουλεύει αὐτῷ πωμάσαι μολίβδῳ καὶ ἐν μέσῳ ἐνεῖραι ῥάβδον, ἵνα γένηται κατακτὸς ὁ κότταβος. Um nun zu erklären, wie durch diesen im Mundstück befestigten Stab ein κότταβος κατακτός geschaffen werden kann — die richtige Erklärung wäre: durch Auflegen einer πλάστιγξ — führt er, da er beim Worte πλάστιγξ an ein Paar Schalen denkt und somit an eine wirkliche Wage, einen Wagebalken ein und fährt fort ξύλον γὰρ αἰωρήσαντες ἐκ τοῦ μέσου κτλ.

Aus dem Gesagten erhellt, dass wir es bei dem „wageähnlichen" κότταβος mit einer Phantasmagorie des Scholiasten zu thun haben. die in der Verwechselung der Kottabos-πλάστιγξ mit einer Wage-πλάστιγξ ihre Erklärung findet. Dass aber sicher der Dichter Aristophanes an einen wageähnlichen κότταβος nicht gedacht hat, geht aus den Versen hervor, die den oben besprochenen folgen (1245—49). Nachdem nämlich

---

*) Ein weiterer Widerspruch mit der Erklärung, die Athenaeus XV, p. 667 d gibt, der nach O. Jahn (a. a. O. S. 211) darin bestehen soll, dass ein Hauptzweck, nämlich das Fallen des Weines in die Wagschale, erst wenn er an dem Kopfe der Figur abgeprallt, verfehlt wurde, besteht in der That nicht. Jahn übersieht, dass in jener Stelle des Athenaeus nicht der Wein vom μάνης in die πλάστιγξ fallen musste, sondern die vom Weine getroffene πλάστιγξ auf den μάνης und von hier auf eine unterhalb desselben um das λυχνίον, wie wir kurz sagen wollen, herumlaufende λεκάνη, abgesehen davon, dass hier von einem einer Wage ähnlichen κότταβος nicht die Rede ist.

der σαλπιγγοποιός den ersten Rat als Spass betrachtend, seine Frage wiederholt, schlägt Trygäus ihm vor, er solle in die Trompete einen Stab stecken, dann einen zweiten im Gleichgewicht darüber legen und an dessen Enden an Schnüren hängende Schalen befestigen, so werde er einen Apparat erhalten, mit dem er die Feigen-Rationen seiner Sklaven abwiegen könne. Es ist klar, dass Trygäus, nachdem sein erster Vorschlag nicht angenommen worden, zu einem Ding rät, das mit dem refüsierten nichts zu thun hat. Wäre aber in den Versen 1240—1244 ein Apparat gemeint, wie ihn sich der Scholiast vorstellt, so würde sich die Wage, auf die in den folgenden Versen angespielt wird, von jenem so gut wie gar nicht unterscheiden. Es erweist sich somit aus äusseren wie inneren Gründen die Erklärung, welche die Scholiasten zu den Versen 343 und 1242—1244 geben, als eine müssige Erfindung. Vermutlich sind sie durch die in den Versen 1245—49 erwähnte Wage auf die falsche Vorstellung, dass auch die πλάστιγξ des Kottabos-Ständers zu einer Wage gehörte, gebracht worden.

Als dritte Phantasiegestalt, zu der sowohl der „hängende" als auch der „wageähnliche" κότταβος etwas abgegeben, präsentirt sich uns der „Lustre"-κότταβος, der Becq de Fouquières zum Schöpfer hat. Dieser Gelehrte meinte nämlich, ein von der Decke herabhängender Stab oder eine ebenso befestigte Kette trage einen horizontalen Stab in dessen Mitte, an den Enden dieses Stabes aber seien zwei πλάστιγγες angebracht wie bei einem modernen zweiarmigen Lustre. Aber für diese Anschauung kann ich weder in den litterarischen Quellen noch auf bildlichen Darstellungen auch nur die leiseste Spur finden.

Ebenso erweist sich Potters Meinung, dass es eine Art des κότταβος gegeben habe, bei der gewürfelt wurde, als ein

Irrtum. Er ist auf die Stelle des Athenaeus im XV. Buche, p. 666 d zurückzuführen, wo es heisst: Πλάτων δὲ ἐν Διὶ κακουμένῳ παιδιᾶς εἶδος παροίνιον τὸν κότταβον εἶναι ἀποδίδωσιν, ἐν ᾗ ἐξίσταντο καὶ τῶν σκευαρίων οἱ δυσκυβοῦντες. Dass letzteres Wort auch zur Bezeichnung von solchen diente, die in anderen Spielen als gerade dem Würfelspiel, der κυβεία, Unglück hatten, hat man schon lange eingesehen.*)

*) Bez. des „bei den Nachtfeiern gespielten κότταβος", welchen Meursius, Becker, Potter u. a., eine etwas unklare Stelle des Athenaeus missverstehend, ebenfalls als eine besondere Art des Spieles auffassten, s. S. 63.

III. Kapitel.
Art und Weise des Spieles.

§ 1. Wie wurde die λάταξ geschleudert?

Bezüglich der Art und Weise, in der das Kottabos-Spiel ausgeführt wurde, finden wir bei Athenaeus an mehreren Stellen Angaben. So heisst es im XV. Buche, p. 666 c τὸ ἀπολειπόμενον ὑγρόν, ὃ συνεστραμμένῃ τῇ χειρὶ ἄνωθεν ἔρριπτον οἱ παίζοντες κτλ. Was unter diesem Ausdrucke συνεστραμμένῃ τῇ χειρί zu verstehen ist, darüber gibt uns eine andere Stelle im nämlichen Buche des Sophistenmahles Aufschluss, p. 667 c, welche lautet: ἐκάλουν δ' ἀπ' ἀγκύλης τὴν τοῦ κοττάβου πρόεσιν διὰ τὸ ἀπαγκυλοῦν*) τὴν δεξιὰν χεῖρα ἐν τοῖς ἀποκοτταβισμοῖς. Der Sinn ist klar. Es durfte beim Wurfe nicht der ganze Arm in Thätigkeit gesetzt werden, sondern es musste die λάταξ „aus dem Handgelenk" geschleudert werden, indem bei gleichzeitiger Krümmung des Ellenbogengelenkes das Handgelenk so gekrümmt wurde (ἀγκυλοῦν**), dass die Oberfläche der Hand sich der Oberseite des Unter-

---

*) So cod. A und E; ich halte mit anderen die Lesart des Schol. zu Aristoph. Pac. 1244 ἐπαγκυλοῦν für falsch.

**) Vgl. Athen. XI, p. 479 e οὐ μόνον κτλ. und XV, p. 667 b ἀγκυλοῦντα δεῖ κτλ. (s. § 2).

armes näherte und die flache Hand nach oben gekehrt war. Mit einer raschen Bewegung des Unterarmes und der Hand nach vorne*) — natürlich wurde durch diese auch die Krümmung am Ellenbogen grösstenteils wieder aufgehoben — erfolgte dann der Wurf. Wenn auch das Wort ἀγκύλη sonst nur im Sinne von „Ellenbogengelenk" oder übertragen im Sinne von „Kniekehle"**), nie aber in der Bedeutung „Handgelenk" vorkommt, so ist doch die Verwendung des Wortes in der oben angenommenen Bedeutung keineswegs auffallend und somit kein Grund gegeben, durch eine weithergeholte Erklärung es auch in unserem Ausdrucke auf den Ellenbogen zu beziehen. Es ist eben ἀπ' ἀγκύλης nichts anderes als ein umschriebenes συνεστραμμένῃ τῇ χειρί, das den Sinn hat „mit der gegen den Unterarm zurückgebogenen Hand"***). Jahn†) meinte, dies bei Athen. XV, p. 666c (Schol. zu Aristoph. Pac. 1244) stehende συνεστραμμένῃ τῇ χειρί bedeute „mit kräftig zusammengefasster Hand". Er verweist auf Aristot., hist. anim. IX, 48, p. 63a 27: δελφῖνες συστρέψαντες ἑαυτοὺς φέρονται ὥσπερ τόξευμα, sowie Plato, Protag. p. 342e: ἐνέβαλε ῥῆμα ἄξιον λόγου βραχὺ καὶ συνεστραμμένον ὥσπερ δεινὸς ἀκοντιστής und Sextus Emped., adv. math. II, 7 Ζήνων ὁ Κιττιεὺς

---

*) Von einem „freien Rotieren der Schale um den Zeigefinger", das, wie O. Jahn (a. a. O. S. 239) und Barnabei (a. a. O. S. 318) meinen, dadurch ermöglicht wurde, dass der Zeigefinger der rechten Hand in den einen Henkel gesteckt wurde, während man die anderen Finger schloss, ist beim Schleudern der λάταξ nicht die Rede. Es ist dies ein Irrtum, der wahrscheinlich einer ungenauen Zeichnung eines Vasenbildes seine Entstehung verdankt.

**) Heliod. III, 1.

***) Dass ἀγκύλη nicht auch einen Becher bedeutete, hierüber s. Exkurs V.

†) A. a. O. S. 213.

ἐρωτηθείς, ὅτῳ διαφέρει διαλεκτικὴ ῥητορικῆς, συστρέψας τὴν χεῖρα καὶ πάλιν ἐξαπλώσας ἔφη „τούτῳ". Die Darstellungen unseres Spieles auf Vasen etc. zeigen aber keine geschlossenen, geballten Hände, sondern zurückgebogene, was auch ein „zusammenwenden, -bringen" genannt werden kann, nämlich der Handoberfläche und des Armes. Das zu συστρέφειν oft gegensätzlich gebrauchte ἐκτείνειν (ἐξαπλοῦν) passt auf das Strecken des Handgelenkes ebenso gut wie auf das Strecken der Finger.

§ 2. Wie wurde der Becher gehalten?

Wie man beim Schleudern der λάταξ das Trinkgefäss anzufassen hatte, auch darüber berichtet Athenaeus. Im XI. Buche, p. 479 d heisst es: οὐ μόνον ἐφιλοτιμοῦντο βάλλειν ἐπὶ τὸν σκοπόν, ἀλλὰ καὶ καλῶς ἕκαστα ποιεῖν*). ἔδει γὰρ εἰς τὸν ἀριστερὸν ἀγκῶνα ἐρείσαντα (sc. auf die κλίνη, nicht wie Groddeck**) meint „auf kleine Säulen, die in gemessener Entfernung rund um die Wand des Saales gestellt waren") καὶ τὴν δεξιὰν ἀγκυλώσαντα ὑγρῶς ἀφεῖναι τὴν λάταγα***).

---

*) So konjiziert Wilamowitz aus ἕκαστα αὐτῶν.
**) A. a. O. S. 280.
***) Hieraus Schol. zu Lucian, Lexiph. 3 ἐπὶ τοῦ ἀριστεροῦ ἀγκῶνός τις ἑαυτὸν ἐπερείσας ὑγρῶς ἀφίει τὴν λάταγα κτλ. und Pollux VI, 111 ὑγρᾷ τῇ χειρὶ τὸν κότταβον ἀφείς. O. Jahn erinnert mit Recht zu dem Ausdruck ὑγρῶς ἀφεῖναι daran, dass am Pferde ὑγρὰ γόνατα, geschmeidige Kniekehlen, gelobt werden (vgl. lat. madidus) im Gegensatze zu σκληρὰ γόνατα. (Vgl. Jacobs zu Xenoph. hipp. p. 97 f. und Boissonade zu Aristaen. p. 235). Auch σκληρός gebraucht Athenaeus (XV, p. 667 b) zur Erklärung der Art und Weise, in der die λάταξ geschleudert werden musste, bezw. nicht geschleudert werden durfte.

Schönheit der Bewegung ist nach dieser Stelle wie nach XI, p. 479e (Schol. zu Lucian, Lexiph. 3) καλῶς βάλλειν und p. 782e καλῶς καὶ εὐσχημόνως beim Schleudern der λάταξ erforderlich. Ebenso erklärt Athenaeus die Worte εὐρύθμως πέμπειν in dem nach seiner Angabe von Dikaearch überlieferten Fragment aus dem Ζεὺς κακούμενος des Platon (Kock, C. A. F. I, S. 613, No. 47)

ἀγκυλοῦντα δεῖ σφόδρα
τὴν χεῖρα πέμπειν εὐρύθμως τὸν κότταβον*)

mit μὴ σκληρὰν ἔχειν τὴν χεῖρα. Sie bedeuten also nicht „ad numeros", „im Takte", wie von Jahn angenommen wurde **), sondern „gemessen", „mit zierlicher Gebärde", was auch mit αὐλητικῶς im Fragmente aus den Ἀφροδίτης γοναί des Antiphanes (Kock, C. A. F. II, S. 33, No. 55; Athen. XV, p. 667a) ausgedrückt ist, wo einer auf die Frage

ᾧ δεῖ λαβεῖν τὸ ποτήριον δεῖξον νόμῳ;

antwortet

αὐλητικῶς δεῖ καρκινοῦν τοὺς δακτύλους.

Jahn ***) sagt hiezu (fälschlich): „Wie der Flötenbläser die Finger der Hand, mit welcher er zugleich das Instrument festhält, oft wie verrenken muss, damit er die rechten Löcher zugleich schliesse, so muss auch der Kottabos-Spieler seine Finger drehen und wenden, um sie in gehöriger Weise in den Henkel zu bringen. Es kam nämlich darauf an, das Gefäss fest und sicher zu halten, zugleich aber mit kräftig

---

*) So konstruierte Dobree, „Adversaria" (herausgeg. von Scholefield, Canterbury 1831—33), Bd. II, S. 351 die Stelle. Vgl. auch Cobet, „Observationes criticae in Platonis comici reliquias" (Amsterdam 1840), S. 99 fg.

**) A. a. O. S. 219. Auch Maltos (a. a. O. S. 115) fasst εὐρύθμως in diesem Sinne.

***) A. a. O. S. 213.

zusammengefasster Hand*) demselben einen Schwung zu geben, dass die darin noch befindlichen Tropfen in der bestimmten Richtung herausfliegen konnten. Dazu bedurfte es der erforderlichen Kraft, besonders musste es mit schlanker, leichter Hand geschehen (ὑγρῶς ἀφεῖναι τὴν λάταγα)." Auch Higgins hält αὐλητικῶς für eine „Anspielung auf die Schwierigkeit, den Finger zu biegen oder zu drehen, um ihn in den Griff zu bekommen und dem Becher den gehörigen Schwung zu verleihen, zu gleicher Zeit ihn aber auch fest in der Hand zu behalten" und glaubt diese Ansicht mit dem Hinweis auf Vase No. 381 der Sammlung Lecuyer stützen zu können, wo die Haltung der Finger des Flötenspielers mit der des Kottabos-Spielers identisch sei. Es dürfte aber mit dem αὐλητικῶς nichts anderes gesagt sein als „mit den Fingerspitzen" und werden wir in dieser Meinung bestärkt durch V. 820 fg. in der „Phaedra" des Seneca, an welche Jahn in anderem Zusammenhange erinnert. Sie lauten:

> amentum digitis tende prioribus
> et totis iaculum dirige viribus.

Nachdem von der Art und Weise, auf welche eine Gattung von Speeren geschleudert werden musste, der Ausdruck ἀγκύλη auf jene Speere selbst übertragen wurde, die λάταξ aber ebenso geschleudert werden musste wie jene Speere (nämlich ἀπ᾽ ἀγκύλης**), sind wir berechtigt, das, was in jener Stelle bezüglich des Schleuderns des *amentum* gesagt ist,

---

*) Dies meint Jahn sei der Sinn der Worte συνεστραμμένῃ τῇ χειρί; vgl. hiezu S. 48 ff.

**) Vgl. λαταγῶν τόξον im Fragmente aus den Elegien des Kritias (s. S. 12) und Βακχίου τοξεύματα im Οἰνεύς des Euripides (Nauck, T. G. F. S. 537, No. 562; Athen. XV, p. 666 c; s. S. 69).

auch für den Kottabos-Wurf zu vindizieren und unter αὐλητικῶς καρκινοῦν zu verstehen: „nach Flötenspieler-Art, d. h.
zierlich, leicht die Finger krümmen". Mit anderen Worten:
es durfte die Trinkschale nur mit den Fingern resp. Fingerspitzen, nicht aber mit der ganzen Hand gefasst werden.

Neben diesen insgesamt auf Schönheit der Bewegung
hinausgehenden Forderungen finden wir es in hohem Grade
auffallend, wenn der Schol. zu Lucian, Lexiph. 3 (λαταγεῖν·
τὸ στόμα πληροῦν ἢ ὕδατος ἢ οἴνου καὶ τῇ πλάστιγγι ἐναποχέειν . . . .
und später ὁ κοτταβίζων τοίνυν λαβὼν εἰς τὸ στόμα ὑγρὸν ὁτιοῦν
οἴνου ἢ ὕδατος καὶ πλήσας τὰς γνάθους ἀφίησι διὰ τῶν χειλέων
ὑπὸ μίαν σταγόνα τοῦ ὑγροῦ κατὰ τῶν πλαστίγγων . . . . und
zuletzt ὀξύβαφα . . . ἅπερ ἦν καταδύειν ταῖς ἀπὸ τῶν στομάτων
προϊούσαις λάταξιν ἀγών) eine keineswegs ästhetische Art des
Schleuderns, das Spritzen mit dem Munde beschreibt.

Blümner, Richter, Mercer u. a. acceptierten diese Angaben
ohne Kritik. Auch Becker-Göll*) meinte, dass das Spiel in
späterer Zeit allerdings auf solche Weise gespielt wurde und
bezieht hierauf Pollux VI, 111 οὐ μὴν εἴποι ἄν τις τὸ κοτταβίζειν ἐφ' οὗ νῦν, ἀλλ' ἐμεῖν ἢ ἀποβλύζειν. πλὴν εἴ τις παίζων
βούλοιτο οὕτως ὑποπτεύειν τὸ ἐν τῷ Γηρυτάδῃ ὑπ' Ἀριστοφάνους
εἰρημένον (Kock, C. A. F. I, S. 429, No. 152)

τότε μὲν [Διόνυσέ**)] σου κατεκοττάβιζον [ἄν**)],
νυνὶ δέ [σου**)] κατεμοῦσι, τάχα δ' εὖ οἶδ' ὅτι
καὶ καταχέσονται.

Zweifel an ihrer Richtigkeit müssen sich aber schon deshalb erheben, weil es unmöglich erscheint, auf diese Art ein
Ziel aus einer Entfernung von c. 3 m — so viel betrug der

*) A. a. O. II, S. 367.
**) Von Bergk ergänzt.

Abstand der auf den κλίναι gelagerten Spieler von dem in der Mitte des Raumes stehenden Kottabos-Geräte sicherlich zu treffen. Bei einer genauen Betrachtung der Worte des Pollux werden wir in unseren Zweifeln nur bestärkt. Sie sollen offenbar gar nicht beweisen, dass man die λάταξ auch aus dem Munde spritzte; ihr Sinn ist vielmehr: „Das Wort κοτταβίζειν hat man (früher) da wohl nicht gebraucht, wo wir es (heute) anwenden, sondern ἐμεῖν oder ἀποβλύζειν; es müsste denn sein, dass einer sich den (schlechten) Scherz erlauben will, jene Bedeutung den Worten aus dem Γηρυτάδης des Aristophanes τότε μὲν [Διόνυσέ] σου κατεκοττάβιζον beizulegen". Die Worte des Pollux besagen also nur, dass man κοτταβίζειν später im Sinne von ἐμεῖν gebrauchte, nicht aber dass die λάταξ jemals aus dem Munde gespritzt wurde. Aus den Versen im Γηρυτάδης konnte letzteres füglich nicht geschlossen werden, sie bedeuten eben nur: „Damals warf man die λάταξ nach dir, jetzt wirst du bespieen, bald, des bin ich gewiss, wird man dich bek...".

Pollux kann also hiefür nicht als Gewährsmann angesehen werden, und es steht der Schol. zu Lucian. Lexiph. 3 allein da. Aus inneren Gründen haben wir seiner Angabe Misstrauen entgegen gebracht; sie ist aber schon vor uns als irrig erwiesen durch unsere Hauptquelle, durch Athenaeus. Gleich im Anfange seiner Erklärung unseres Gegenstandes erzählt er, wie einer der beim Philosophenmahl anwesenden Ärzte, der die Meinung geäussert, dass unter den ἀποκοτταβίζοντες zu verstehen seien οὗτοι, οἳ ἀπὸ βαλανείου καθάρσεως ἕνεκα τοῦ στομάχου πίνοντες ἄμυστιν ἀποβλύζουσιν, sich von einem Genossen habe sagen lassen müssen εἰ μὴ ἰατροὶ ἦσαν, οὐδὲν ἂν ἦν τῶν γραμματικῶν μωρότερον". Dann fährt Athenaeus fort τίς γὰρ ἡμῶν οὐκ οἶδεν ὅτι οὐκ ἦν οὗτος ὁ ἀποκοτταβισμός (= die vom Arzte beschriebene Manipulation, der uneigentliche ἀποκοτταβισμός) ἀρχαῖος: εἰ μή τι τὸ καὶ τοὺς Ἀμειψίου [Ἀποκοτταβίζοντας] ἀποβλύζειν ὑπολαμβάνεις. Dass die Worte εἰ μή τι etc. ironisch zu nehmen sind, ist nach den vorausgehenden wohl nicht zu bezweifeln. Pollux hat in ähnlicher Weise, nur unter Anführung einer anderen Belegstelle, jene Annahme zurückgewiesen.

Des weiteren soll es nach der bisherigen Annahme beim Schleudern der λάταξ darauf angekommen sein, einen Schall, und zwar einen möglichst lauten, vernehmlich zu machen. In der That treffen wir bei Scholiasten und Lexikographen Stellen, die diese Annahme zu bestätigen scheinen. So heisst es beim Schol. zu Aristoph. Acharn. 525, einer Stelle, deren wir bereits öfter Erwähnung gethan, ἔρριπτον εἰς τὸ ψόφον ἐκτελέσαι, und bei Pollux VI, 110 ἐχρῆν ἐπικοτταβίσαντα ποιῆσαί τινα ψόφον. Bei Hesychius (Etym. magn. p. 128, 52) lesen wir ἀποκοτταβίζειν· τὸ λειπόμενον πόμα τοῦ ποτηρίου ἐκλογεῖν*), οὕτω ὥστε ψόφον ποιεῖν, bei Suidas s. v. κότταβος: ἀπῃνεῖτο δὲ ὁ μείζονα ψόφον ποιῶν und schliesslich bei Photius s. v. λάταγες unter anderem ἐκρίνετο δὲ νικᾶν ὁ τοῦ χαλκίου τυχὼν καὶ μέγιστον ποιῆσας ψόφον**). Sehen wir aber genauer zu, so finden wir einmal, dass beim κότταβος δι' ὀξυβάφων die Erfüllung dieser Forderung schlechterdings unmöglich war. Denn von einem ψόφος kann beim Auffallen eines Schluckes Wein auf die in dem Becken schwimmenden Schälchen kaum die Rede sein. Und was den κότταβος κατακτός betrifft, so war hier ein ψόφος nur die unmittelbare Folge eines glücklichen Wurfes, der die πλάστιγξ auf den Boden oder in die λεκάνη fallen machte***). Beim Spiele mit der leeren auf den Boden gestellten

---

*) Etym. magn. ἐκχεῖν; Schmidt schlägt vor ἐκλατάγειν.
**) Vgl. hiezu auch die auf S. 58 fg. angeführten Stellen aus Schol. zu Aristoph. Pac. 343 und Schol. zu Lucian, Lexiph. 3.
***) Vgl. hiezu das auf S. 25 fg. über den Zweck der λεκάνη Gesagte.

λεκάνη endlich, der einzigen Art des Spieles, bei welcher der Erfolg des Wurfes nicht leicht sichtbar war, bedeutete der grössere ψόφος nichts anderes als eine Bestätigung des glücklichen Wurfes, bei dem der ganze Strahl, nicht nur ein Teil desselben, in das Gefäss gebracht war. Unsere Betrachtungen legen die Vermutung nahe, dass jene Scholiasten und Lexikographen — Athenaeus spricht hievon nicht! — lediglich in Verkennung der eigentlichen Bedeutung des Wortes κότταβος*) und der eigentlichen Aufgabe bei unserem Spiele eine Begleiterscheinung zum Selbstzweck machten.

---

*) S. Exkurs I und II.

IV. Kapitel.
Charakter und Entwicklung des κότταβος.
(Spende — Orakel — Spiel.)

Bei der Betrachtung des Charakters und der Geschichte des κότταβος hat als Grundlage und Ausgangspunkt die Erklärung des Athenaeus im X. Buche, p. 427d zu gelten. Hier ist von einem Spiele noch nicht die Rede. Es heisst da ἦν ἀπ' ἀρχῆς τὸ μὲν σπένδειν ἀποδεδομένον τοῖς θεοῖς, ὁ δὲ κότταβος τοῖς ἐρωμένοις *). Wie man den Göttern bei der Libation die ersten Tropfen ausschüttete, so waren die letzten Tropfen eine Spende, die man geliebten Personen darbrachte. An litterarischen Zeugnissen für diese Sitte fehlt es nicht. So haben wir z. B. in dem Fragmente des Pindar (Bergk, P. L. G. I⁴, fr. 28; Athen. X, p. 427d)

Χάριτάς τ' Ἀφροδισίων ἐρώτων
ὄφρα σὺν Χιμάρῳ μεθύων, Ἀγάθωνι δὲ καλῷ
κότταβον . . . . . .

sowie in dem Fragmente des Kratinos (Kock, C. A. F. I, S. 93, No. 273; Athen. XI, p. 782c; s. Exkurs V) einen deutlichen Hinweis hierauf. Auch Achaeus dürfte in den Versen (Nauck, T. G. F., S. 752, No. 26; Athen. XV, p. 668a)

---

*) Vgl. Hesychius s. v. λάταξ (S. S. 59) εἰσεφέρετο ἐπὶ τοῖς ἐρωμένοις.

ῥιπτοῦντες, ἐκβάλλοντες, ἀγνύντες, τί μ' οὐ
λέγοντες, ὦ κάλλιστον Ἡρακλεῖ λάταξ

jene Sitte im Auge gehabt haben. Das bekannteste Beispiel aber ist die Anekdote, die Xenophon in seiner Griechischen Geschichte, II, 3, 56 von Theramenes erzählt, dass er nämlich, nachdem er den Giftbecher geleert, die letzten Tropfen „dem schönen Kritias zu Ehren" ausgeschüttet habe*).

Auch auf Vasenbildern begegnen wir dieser Vorstufe des Spieles. Die einem oder mehreren der Kottabos-Spieler beigegebene Inschrift Σοὶ τήνδε λάταγα mit folgendem Vokativ oder auch τὶν τήνδε λατάσσω, welche mein hochverehrter Lehrer Brunn schon im J. 1859**) als die bei dieser Spende gebräuchliche Formel erwies, lässt sie sicher erkennen***).

Mit der oben angeführten Stelle des Athenaeus stehen mehrere Angaben der Scholiasten und Lexikographen in Widerspruch. Wenn es beim Schol. zu Aristoph. Pac. 343 (Suidas s. v. κοτταβίζειν) heisst: εἰ ἐγένετο μείζων ψόφος (was so viel ist als: wenn das Ziel gut getroffen war), ἐδόκουν ὑπὸ τῶν ἐραστῶν ἐρᾶσθαι und später καὶ εἰ μὲν μὴ ἐκχυθῇ τοῦ

---

*) Valerius Max. Memorab. III, 2, 6 versteht diese Anekdote vollkommen falsch; teilweise scheint dies auch bei Cicero, Tusc. I, 40, 96 der Fall zu sein. Teles (Stobaeus flor. V, 67; Hense, Teletis reliquiae, Freiburg i. B. 1889, legt die Äusserung fälschlich dem Sokrates in den Mund. — Die Annahme, dass auch das oben (S. 11) angeführte Distichon aus der Κοΐτην des Kallimachus hieher gehöre, wie O. Jahn meint, halte ich nicht für erwiesen.

**) S. die Abhandlung Brunns „Acclamazione usata nel giuoco del cottabo" im „Bull. dell' Inst." 1859. S. 126—128 und 219 fg.

***) S. No. 1—5 des im Anhange gegebenen Verzeichnisses der bisher aufgefundenen Vasenbilder etc.

οἴνου*) (ebenfalls = wenn das Ziel gut getroffen war), ἡνίκα καὶ ᾔδει ὅτι φιλεῖται αὐτὸς ὑπὸ τῆς ἐρωμένης, ferner beim Schol. zu Lucian, Lexiph. 3 ἦχον ἀποτελοῦσιν, ὃς εὐφραίνει τὸν ἔρωτα ὡς τῶν παιδικῶν κατευστοχοῦντα· ἐρωτικὴ γὰρ ἡ παιδιά. εἰ δὲ τῶν πλαστίγγων ἡ λάταξ διαμάρτοι, ἡττᾶσθαι δοκεῖ ὁ ἐρῶν καὶ ὑπὸ τῶν παιδικῶν ἠμελῆσθαι, und schliesslich im Etym. magn. p. 533, 20 ἦν δὲ τοῦτο σημεῖον τοῦ ἐρᾶσθαι ὑπὸ γυναικὸς ἢ παίδων, so ist zwar in all diesen Stellen der erotische Charakter des κότταβος bestätigt**), letzterer ist aber nicht als Spende, wie bei Athenaeus, sondern als ein Spiel dargestellt, bei dem man mit Hilfe seiner Geschicklichkeit zu erfahren suchte, ob man bei geliebten Personen Gegenliebe finde. Wie erklärt sich nun diese Verschiedenheit der Erläuterung? Die Antwort auf diese Frage lautet: „Aus der Wandlung, welche die Spende durchmachte".

Aus der Sitte nämlich, die Liebe zu jemand durch die Spende eines Schluckes Wein äusserlich zu dokumentieren — was, da ein κότταβος (= Schale, s. Exkurs I und II) noch nicht vorhanden war, den Namen κότταβος auch noch nicht haben

---

*) Das in den Handschriften vor τοῦ οἴνου stehende ἐκ ist jedenfalls zu beseitigen, vielleicht ist nach Suidas auch μηδὲν statt μή zu lesen.

**) Schon deshalb dürfte die Meinung Higgins (a. a. O. S. 394), dass das Kottabos-Spiel von Anfang an eine einfache Trinksitte gewesen sei, welche den Gästen vorschrieb, den Weinrest aus dem Becher zu schütten oder über eine gewisse, auf dem Boden gezogene, Linie hinauszuschleudern" wenig Beachtung verdienen. Das gleiche gilt in noch höherem Grade von der von Higgins registrierten Ansicht A. S. Murray's, des Konservators der griechischen und römischen Abteilung des „British Museum", der meint, der κότταβος sei ein Trinkspiel gewesen, bei dem man versuchen musste, das Licht auf einem hohen Lampenständer mit der λάταξ auszulöschen.

konnte — entwickelte sich, ohne dass jene aufgegeben worden wäre*), die Verwendung der λάταξ zum Zwecke der Prophezeiung. Allmählich kam es in Gebrauch, daraus, dass jemand die Neige, die er einer geliebten Person spendete, nach einem bestimmten Ziele**) zu schleudern vermochte oder nicht, einen Beweis dafür zu entnehmen, ob der betreffende zu der von ihm beim Wurfe genannten Persönlichkeit wirklich Liebe hege oder dies nur angebe, d. h. es bemühte sich jeder, durch das Treffen des Zieles seine Liebe zu der beim Schleudern der λάταξ genannten Persönlichkeit zu beweisen. Erst hieraus bildete sich dann die Bedeutung des erfolgreichen Wurfes als Orakel für die Gegenliebe, welche der Spender fand. Damit kam ein neuer Faktor auf: Die Teilnehmer an dem Spiele suchten einander in der Geschicklichkeit des Treffens zu überbieten, weil eben jeder als der am meisten Geliebte erscheinen wollte***).

In jeder dieser Phasen also hatte der κότταβος erotischen Charakter. Anspielungen auf letzteren finden wir bei Sophokles, Euripides und Aristophanes. Ersterer gibt (Nauck, T. G. F., S. 190, No. 255; Athen. XV, p. 668b) dem Worte λάταξ die Bezeichnung 'Αφροδισία und Euripides im Πλεισθένης (Nauck, T. G. F., S. 557, No. 631) sagt:

πολὺς δὲ κοσσάβων ἀφαγμὸς
Κύπριδος προσῳδὸν ἀχεῖ
μέλος [ἐν] δόμοισιν.

---

*) Es bestätigt dies der Gebrauch des Wortes κότταβος bei Pindar an einer Stelle, wo die Spende sicherlich gemeint ist (s. das auf S. 57 zitierte Fragment).

**) Ursprünglich vielleicht eine bestimmte Stelle des Bodens, wohl bald aber ein auf den Boden gestelltes Gefäss.

***) Vgl. ἀγωνίζοιντο περὶ τῆς νίκης, bei Athen. XI, p. 479e (s. S. 68), τὰς λάταγας ἔβαλλον ἐρίζοντες bei Hesychius s. v. κότταβος (s. S. 14) und πίνειν σὺν ἔριδι im Etym. magn. p. 533, 26.

In den „Wolken" des Aristophanes, V. 1073 ff., endlich figuriert der κότταβος neben den παίδες und γυναίκες und wird zu den Dingen gerechnet, deren sich ein nach σωφροσύνη strebender Jüngling enthalten müsse:

σκέψαι γάρ, ὦ μειράκιον, ἐν τῷ σωφρονεῖν ἅπαντα
ἃ 'νεστιν, ἡδονῶν θ' ὅσων μέλλεις ἀποστερεῖσθαι
παίδων, γυναικῶν, κοττάβων, ὄψων, πότων, καχασμῶν.

In dem erotischen Charakter finden auch die der Aphrodite[*]) geweihten Myrtenzweige, die wir sehr häufig auf Kottabos-Darstellungen teils zur Decoration des Zielgefässes, teils zur Ausfüllung leeren Raumes angebracht sehen und die auch Aristophanes in den Δαιταλεῖς (Kock, C. A. F. I, S. 444, No. 209; Athen. XV, p. 667 a. E.) als zum κοτταβεῖον gehörig erwähnt, ihre Erklärung[**]).

Nachdem aus dem Orakelspiele ein ἀγών geworden war, mussten Gesetze aufgestellt werden, die beim Schleudern der λάταξ zu beobachten waren. Gleichzeitig mussten aber auch die Chancen für jeden Spieler die gleichen sein, was in erster Linie dadurch erreicht wurde, dass die Entfernung des Gerätes von jedem Spieler die gleiche war, indem es in die Mitte der

---

[*]) Nach Diodor I, 17; Plinius, hist. nat. XII, 1; Servius zu Virg. Aen. V, 75 myrtus Veneri dedicata; Servius und Probus zu Virg. Georg. 1, 27, 28 myrtus est arbuscula Veneris subiecta tutelae. Plutarch, Quaest. Rom. 20 τὴν οὖν μυρρίνην ὡς ἱερὰν Ἀφροδίτης ἀφοσιοῦνται und Numa 19. Vgl. Bötticher „Der Baumkultus der Hellenen" (Berlin 1856], S. 445—455.

[**]) Vgl. auch Schol. zu Aristoph. Pac. 1244 (S. 20) und Pollux VI, 110 (S. 19 fg.). — Grodekk (a. a. O. S. 278), Jahn (a. a. O. S. 204, Anm. 21) und Heydemann (a. a. O. S. 223) glaubten fälschlich, dass die μυρρίναι als Preise dienten, wohl deshalb, weil unmittelbar vor jener Stelle des Athenaeus der Preise Erwähnung gethan ist.

Teilnehmer gestellt wurde*). Bei einem ἀγών konnten aber auch Preise nicht fehlen. Diese werden erwähnt von Hegesandros bei Athenaeus XI, p. 479 d*), ferner von Pollux VI, 111 ἐκαλεῖτο γὰρ οὐ τὰ ἀγγεῖα κοτταβεῖα μόνον ἀλλὰ καὶ τὸ ἆθλον. ἦν δὲ πυραμοῦς καὶ σησαμοῦς καὶ ἄλλα τοιαῦτα, ebenso von Photius s. v. λάταγες· ἐτίθετο δὲ ἔπαθλα ᾠὰ καὶ τραγήματα, ἃ ἐκαλεῖτο κοτταβεῖα. und endlich im Etym. magn. p. 533, 15 τῶν κοτταβίων τὰ πολλὰ ἡμέτερα ἦν und p. 533, 21 καὶ ἆθλα οἱ νικῶντες ἐλάμβανον πλακουντίσκους, πυραμοῦντας ἢ σησαμοῦντας, ἅπερ κοτταβεῖα ἔλεγον. Sie hiessen also κοττάβια oder κοτταβεῖα und bestanden in Kuchen oder Backwerk**). Diese Angaben des Hegesandros, Pollux, Photius und des Verfassers des Etym. magn. findet ihre Bestätigung durch das bereits öfter zitierte Fragment aus den Ἀφροδίτης γοναί des Antiphanes (Kock, C. A. F. II, S. 33, No. 55; Athen. XV, p. 666 f und 667 d), wo neben ᾠὰ auch πεμμάτια und τραγήματα als Kottabos-Preise genannt werden, welche Rolle sie nach Angabe des Athenaeus XV, p. 667 d auch bei Kephisodorus im Τροφώνιος (Kock, C. A. F. I, S. 801, No. 5), bei Kallias oder Diokles in den Κύκλωπες (Kock, C. A. F. I, S. 696, No. 9) und endlich bei Eupolis in den Βάπται (Kock, C. A. F. I, S. 278, No. 85) und Hermippus in den Ἴαμβοι (Kock. C. A. F. I, S. 247 fg., No. 74) spielen. Dass aber auch Küsse die νικητήρια bildeten, bezeugt sowohl eine Stelle aus dem Σαλμωνεύς des Sophokles (Nauck, T. G. F., S. 250, No. 494; Athen. XI, p. 487 d)

*) S. die auf S. 68 zitierte Stelle des Hegesandros, bei Athen. XI, p. 479 d, e.

**) Auch bei Aristoph. Equit. 277 (s. auch das Scholion hiezu) figurieren die πυραμοῦντες als Preise. Vgl. Aristoph. Thesm. 94, Artemidor I, 74, Pollux VI, 108.

τάδ' ἐστὶ κνισμὸς καὶ φιλημάτων ψόφος
τῷ καλλικοτταβοῦντι νικητήρια
τίθημι καὶ βαλόντι χάλκειον κάρα

wie die bereits mehrfach erwähnte Stelle aus dem Ζεὺς κακούμενος des Platon (Kock, C. A. F. I. S. 612, No. 46; Athen. XV. p. 666 d), wo auf den Vorschlag παίζωμεν δὲ περὶ φιλημάτων ein Spielgenosse antwortet ἀγεννῶς οὐκ ἐῶ παίζειν und als „nobleren"*) Preis zwei χρηπίδες und einen κότυλος proponiert, Dinge, unter welchen, wie unter der σφαίρα und dem ὅρμος bei Nonnos, Dionys. XXXIII, 69 ff. wohl die σκευάρια zu verstehen sind, um die nach Athen. XV. p. 666 d (Schol. zu Aristoph. Pac. 1244) unglückliche Spieler kamen**).

Zu verschiedenen Missverständnissen gab eine Stelle bei Athen. XV, p. 668 c Anlass, wo eine „andere Art κοττάβια" erwähnt ist, die bei den sog. παννυχίδες Verwendung fanden. Es heisst dort: ἦν δέ τι καὶ ἄλλο κοτταβίων εἶδος, προτιθέμενον ἐν ταῖς παννυχίσιν, οὗ μνημονεύει Κάλλιπος ἐν Παννυχίδι διὰ τούτων (Kock, C. A. F. III, S. 378, No. 1)

ὁ διαγρυπνήσας [τὸν] πυραμοῦντα λήψεται
τὰ κοττάβια καὶ τῶν παρουσῶν ἣν
θέλει φιλήσει

Einmal konstruierten sich hieraus Meursius, Potter, Becker u. a. fälschlich eine besondere Art des κόττα3ος, nämlich diejenige, welche in den „Nachtfeiern" gespielt worden sei und darin bestanden habe, dass einer den anderen im Wachen zu übertreffen suchte; sie beachteten eben nicht, dass wir es hier mit einer Digression zu den παννυχίδες zu thun haben, wo nicht von κόττα3οι sondern von κοττάβια die Rede ist.

Andere nahmen an, dass Athenaeus hier eine besondere

---
*) Groddek (a. a. O. S. 276) meinte fälschlich: „als anständigeren".
**) S. S. 47.

Art von Kottabos-Preisen im Auge habe. Dem ist jedoch nicht so. Athenaeus hat p. 667 e, f. von den κοττάβια gesprochen, die beim κότταβος δἰ ὀξυβάφων demjenigen zufielen, der die meisten ὀξύβαφα zum Untersinken gebracht und die wohl auch hie und da in den ὀξύβαφα selbst bestanden. Ehe er nun dazu übergeht, von der Beliebtheit des Spieles zu sprechen, erwähnt er beiläufig noch (p. 668c und d) eine Art sogenannter κοττάβια, Preise, die demjenigen zufielen, der seine Zechgenossen im Wachen übertraf, die also Kottabos-Preise genannt wurden, ohne dass sie eigentlich mit dem Kottabos Spiel etwas zu thun haben. Zu diesen gehören die τρεῖς ταινίαι καὶ μῆλα πέντε καὶ φιλήματ' ἐννέα, die in dem Fragmente aus dem 'Αγκυλίων des Eubulus (Kock, C. A. F., II, S. 164 fg., No. 1, 2, 3; Athen. p. 668d) als νικητήρια gesetzt werden. Die Ähnlichkeit der Gegenstände rechtfertigt die Vermutung, dass die Preise, welche bei den παννυχίδες ausgesetzt wurden, eben keine anderen waren als diejenigen, welche glücklichen Kottabos-Spielern zu teil wurden. Mit anderen Worten: sowohl Tänien und Äpfel als auch κρηπῖδες und κότυλοι fanden beim Kottabos-Spiele wie bei den „Nachtfeiern" als Preise Verwendung.

V. Kapitel.
Zeitliche und örtliche Verbreitung des κότταβος.

In unseren Untersuchungen über die Bedeutung und die Etymologie des Wortes κότταβος *) kamen wir zu dem Ergebnis, dass das Spiel von den in Sicilien eingewanderten Dorern ausging. Diese Annahme findet nach der chronologischen Seite ihre Bestätigung durch die litterarischen Dokumente. Bei Homer und Hesiod finden wir kein Anzeichen, weder von der Spende noch vom Spiele. Der älteste Gewährsmann, der das Wort κότταβος gebraucht, allerdings im Sinne der Weinspende als Zeichen der Liebe, ist Anakreon **). Das Kottabos-Spiel finden wir zuerst erwähnt bei Hermippos in den Μοῖραι ***). Dass der κότταβος als Spiel im 5. Jahrh. nicht nur in Sicilien, sondern auch in Griechenland leidenschaftlich betrieben wurde, dafür sprechen die oben (S. 60) angeführten Fragmente aus dem Ἴναχος des Sophokles und dem Πλεισθένης des Euripides. Da auch die mittlere und neuere Komödie reich an Anspielungen auf den κότταβος sind, ergeben

---
*) S. Exkurs I und II.
**) S. das auf S. 9 wiedergegebene Fragment.
***) „ „ „ „ 24 „ „ .

sich als Minimum für die Zeit, während welcher der κότταβος in Schwung war, 300 Jahre, nicht, wie noch Higgins meinte, 100 Jahre. Nach der neueren Komödie verschwinden seine Spuren in der Litteratur. Dass vollends die Scholiasten zu Aristophanes und Lucian das Spiel nicht mehr aus eigener Anschauung kannten, ist um so gewisser, als schon Athenaeus, aus dem sie schöpfen, an den meisten Stellen vom κότταβος als von einem Spiele spricht, das vor ihm existierte*).

Dass auch die Römer den κότταβος kannten, sei es auch nur die Spende, wie Groddeck**) und andere glaubten, scheint mir nach den paar Stellen, in welchen eine Anspielung auf unser Spiel erblickt wurde, nicht wahrscheinlich zu sein. Denn das horazische

mero tinget pavimentum superbo (Od. II, 14, 27)

passt viel besser als Illustration der Verschwendung, mit der ein glücklicher Erbe die ihm zugefallenen Schätze verbraucht, und wenn Plinius, hist. nat. XIV, c. 22 von einem gewissen Torquatus berichtet, nihil ad elidendum in pavimentis sonum ex vino reliquisse, so scheint mir dieser Ausdruck nur ein genaues Bild von der Leistungsfähigkeit des mit dem Beinamen Tricongius Ausgezeichneten geben zu sollen, der nicht einmal so viel übrig liess, dass es, auf den Boden geschüttet, dem Ohre vernehmbar wurde. Was ferner die Worte Juvenals (Sat. III, 108) betrifft:

Si trulla inverso crepitum dedit aurea fundo,

so kann ich mich der Meinung nicht entschlagen, dass es doch im höchsten Grade sonderbar erscheinen müsste,

---

*) Die λάταγες als Liebeszeichen sind allerdings auch noch bei Agathias (Anthol. Palat. c. V, No. 296) erwähnt; hier haben wir es aber wohl nur mit einer Reminiscenz an abgekommene Gebräuche zu thun.

**) A. a. O. S. 178.

wenn unmittelbar auf si lectum commiuxit amicus das harmlose crepitum dedit aurea trulla im Sinne des Kottabos-Wurfes folgen sollte. Viel besser passt zu dem in dem ersten Verse angegebenen Anzeichen hochgradiger Bezechtheit der obscöne Sinn, der aus den Worten ohne Zwang entnommen werden kann. Bei der vierten fälschlich (von Robert) hieher bezogenen Stelle aus dem Trinummus des Plautus (V. 1011; vgl. S. 35) haben wir es wahrscheinlich mit einer Reminiscenz an griechische Begriffe, d. h. mit einer aus der Vorlage des Philemon übersetzten Stelle zu thun. Groddek gestand zu, dass das Spiel bei den Römern weder so mannigfaltig gewesen zu sein, noch in so grossem Ansehen wie bei den Griechen jemals gestanden zu haben scheine. Auf den wichtigsten Punkt aber, dass der Name des Spieles sonst bei keinem römischen Autor vorkommt, wurde er nicht aufmerksam. Dagegen ging er, die Bedeutung des Wortes λάταξ missverstehend, so weit, in den Worten ad elidendum in pavimentis sonum eine wörtliche Übersetzung jenes Ausdruckes zu erblicken.

Dass der κότταβος nicht nur in Sicilien und im eigentlichen Griechenland sondern auch naturgemäss in den griechischen Kolonien Süditaliens eifrig gepflegt wurde, bezeugen die daselbst, besonders in Campanien, in grosser Anzahl gefundenen Vasen mit Darstellungen des Spieles. Neuerdings geht die Giltigkeit der gleichen Behauptung für Etrurien aus der nicht unbedeutenden Anzahl der hier ausgegrabenen Originale hervor, ja einige meinten, dass sich das Spiel hier am längsten erhielt. Hat es mit dieser Meinung seine Richtigkeit, was ich nicht erhärten aber auch nicht in Abrede stellen kann, so gewinnt die Ansicht, dass die oben angeführten vermeintlichen Belege für die Existenz unseres Spieles bei den Römern, selbst für den Fall, dass sie sich wirklich auf das Kottabos-Spiel beziehen, nichts anderes sind als Reminiscenzen an ein Spiel, das man bei Nachbarn gesehen, noch mehr an Wahrscheinlichkeit.

Mit welcher Leidenschaftlichkeit das Kottabos-Spiel getrieben wurde, erfahren wir aus Athenaeus XI, p. 479 d e τοσαύτη δὲ ἐγένετο σπουδὴ περὶ τὸ ἐπιτήδευμα (sc. τὸν κότταβον), ὥστε εἰς τὰ συμπόσια παρεισφέρειν ἆθλα κοτταβεῖα καλούμενα. εἶτα κύλικες αἱ πρὸς τὸ πρᾶγμα χρήσιμαι μάλιστ᾽ εἶναι δοκοῦσαι κατεσκευάζοντο, καλούμεναι κοτταβίδες *) · πρὸς δὲ τούτοις οἶκοι κατεσκευάζοντο κυκλοτερεῖς, ἵνα πάντες εἰς τὸ μέσον τοῦ κοττάβου τεθέντος ἐξ ἀποστήματος ἴσου καὶ τόπων ὁμοίων ἀγωνίζοιντο περὶ τῆς νίκης (Vgl. XV, p. 668d, e ὅτι δ᾽ ἐσπούδαστο παρὰ τοῖς Σικελιώταις ὁ κότταβος δῆλον ἐκ τοῦ καὶ οἰκήματα ἐπιτήδεια τῇ παιδιᾷ κατασκευάζεσθαι, ὡς ἱστορεῖ Δικαίαρχος ἐν τῷ περὶ Ἀλκαίου [Müller, F. H. G. II, S. 246, No. 34] und Schol. zu Lucian, Lexiph. 3 πρὸς δὲ τούτοις κυκλοτερεῖς ἐποιοῦντο οἱ δεῖπνοι, ἵνα πάντες εἰς τὸ μέσον τεθέντος τοῦ κοττάβου ἔχοιεν ἐξ ἴσων τῶν ἀποστάσεων ταῖς λάταξι βάλλειν καὶ περὶ νίκης ἀγωνίζεσθαι). Würde dies auch Athenaeus nicht ausdrücklich erwähnen, so könnten wir schon aus den vielen auf das Spiel bezüglichen Stellen in der Komödie und der grossen Anzahl der Vasenbilder auf die grosse Beliebtheit schliessen, deren es sich erfreute.

---

*) Dass auch „κότταβος" selbst zur Bezeichnung dieser Gefässe diente, ist keineswegs ausgeschlossen (s. Exkurs I). Die Form ἀποκοτταβίζειν spricht sogar für diese Annahme, wenn sie nicht κοτταβίς näher steht. Wie uns nämlich die Darstellungen auf Vasen bezeugen, waren die κοτταβίδες meist nicht „Becher" in unserem Sinne. Wir finden auf jenen gewöhnlich Phialen. Nach den Angaben über die Art und Weise, in der die λάταξ geschleudert werden musste, und den mit diesen übereinstimmenden Darstellungen auf Vasen ist es ausgeschlossen, dass diese κοτταβίδες aus Thon verfertigt waren. Wären sie nicht eben gewesen, dann hätte es die Art des Schleuderns, bei der man nur mit den Fingerspitzen den einen Henkel fasste, mit sich gebracht, dass nicht nur die λάταξ, sondern auch die von dem Henkel losgebrochene Schale davongeflogen wäre; was die κοτταβίδες zum Kottabos-Spiele μάλιστα χρήσιμαι machte, ist also wohl ihre Beschaffenheit aus Metall.

Exkurs I.
Bedeutung und Etymologie des Wortes κότταβος.

Eine Betrachtung der sämtlichen Stellen, in welchen das Wort κότταβος vorkommt, ergibt, dass dasselbe drei Bedeutungen hatte. Κότταβος nannte man nämlich 1. das Spiel, 2. den geschleuderten Weinrest, 3. das (bronzene) Zielgeräte. Andere als diese drei Bedeutungen hatte das Wort κότταβος nicht. Denn dass κότταβος auch den Becher bedeutete, aus dem man die λάταξ schleuderte, wie Jahn*) und Heydemann annahmen, dafür mangelt uns jeder Beleg. Ferner beruht die Angabe des Athenaeus XV, p. 666c (Schol. zu Aristoph. Pac. 1244), dass κότταβος auch den Siegespreis bedeute (κότταβος δ' ἐκαλεῖτο καὶ τὸ τιθέμενον ἆθλον τοῖς νικῶσιν ἐν τῷ πότῳ) auf der Interpretation einer Stelle, die wir erst näher prüfen müssen und ist vielleicht auf eine Verwechselung der Ausdrücke κότταβος und κοτταβεῖον zurückzuführen **). Die Stelle, worauf sich Athenaeus in jener Angabe beruft, ist aus dem Οἰνεύς des Euripides (Nauck, T. G. F., S. 537, No. 562) genommen. Die Verse lauten:

πυκνοῖς δ' ἔβαλλον Βακχίου τοξεύμασιν
κάρα γέροντος· τὸν βαλόντα δὲ στέφειν
ἐγὼ 'τετάγμην, ἆθλα κοττάβων διδούς.

---
*) A. a. O. S. 202, Anm. 10.
**) Vgl. Pollux VI, 111 ἐκαλεῖτο γὰρ οὐ τὰ ἀγγεῖα κοτταβεῖα μόνον ἀλλὰ καὶ τὸ ἆθλον κτλ. (s. S. 62).

Hier fällt uns schon der Umstand auf, dass Athenaeus zum Belege dafür, dass man unter dem Namen κότταβος den Siegern im Trinkwettkampfe Preise aussetzte, eine Stelle zitiert, in der wohl vom Kottabos-Spiel und den damit verbundenen Preisen, nicht aber von einem Trinkwettkampf die Rede ist. Allerdings kann man sagen: „Beim Kottabos-Spiel kam es schliesslich auf ein Wetttrinken hinaus; denn um öfter einen Rest zu haben, mussten mehrere Becher geleert werden, so dass also derjenige am öftesten seine Liebe zu einer Persönlichkeit oder die Gegenliebe, die er bei derselben fand, beweisen konnte, der am raschesten die Becher leerte". *) Hiemit können wir uns zur Not einverstanden erklären. Ist aber der letzte Vers wirklich ein Beleg dafür, dass man die Preise κότταβοι nannte? Sehen wir zu, ob nicht ein Missverständnis seitens des Athenaeus vorliegt. Was heissen denn die letzten drei Worte im Fragmente aus dem Οἰνεύς, dem einzigen Belege für die obige Angabe des Athenaeus? Doch nichts anderes als: „Indem ich die Preise gab, wie sie zu den Kottabos-Spielen gehören" oder „ich, der ich die Preise zu den einzelnen Kottabos-Spielen spendete". Auch dann gewinnt die Angabe des Athenaeus an Glaubwürdigkeit nicht, wenn wir in dieser seiner Belegstelle mit Dalechamps und Casaubon κότταβον einsetzen. Dies passt wegen des Plurals ἆθλα ganz und gar nicht. Dieser lässt nur κοττάβους zu. Aber auch dann ist der Sinn nur „indem ich κότταβοι, d. h. Zielapparate [also entweder Becken oder ὀξύβαφα (mit oder ohne Becken) oder Kottabos-Ständer] als Preise gab" oder auch vielleicht: „ich, der ich Kottabos-Geräte als Preise spendete". Im letzteren Falle resultiert aus dem vorliegenden Verse nur, dass als

---

*) Vgl. κινεῖν οὖν ἐριεῖ im Etym. magn. p. 533, 26.

Preis wohl auch das Zielgeräte selbst ausgesetzt wurde, was, wie ich nachträglich sehe, schon Meursius angenommen zu haben scheint, indem er unter Beibehaltung der überlieferten Lesart κοττάβων letzteres Wort als Genetiv des Inhalts zu ἆθλα („Preise, die in κότταβοι bestehen") fasste und übersetzte „dato in praemium cottabo": niemals aber folgt daraus, dass man die Preise schlechthin κόττοβοι genannt habe. Wir können also diese Notiz des Athenaeus, von der wir bei den Scholiasten zu Aristophanes, die augenscheinlich aus der gleichen Quelle wie Athenaeus schöpften, keine Spur finden, getrost als fehlerhafte Folgerung ansehen.

Als Bezeichnung nun für das Spiel finden wir das Wort κότταβος bei Athenaeus mehrmals, z. B. XI, p. 479 d ὁ κότταβος παρῆλθεν (s. S. 10) und XV, p. 668 ὅτι δ'ἐσπούδαστο ὁ κότταβος (s. S. 11); auch bei Hesychius und Eustathius sind Becher erwähnt „brauchbar εἰς κότταβον" (s. S. 93). Aus einem alten Gewährsmann aber steht uns keine Stelle zu Gebote, in der das Wort in dieser Bedeutung vorkäme*).

Auch im Sinne von λάταξ kommt das Wort κότταβος nur bei verhältnismässig späten Autoren vor; so z. B. bei Athen. XI, p. 732 e (Hesychius s. v. ἀγκύλη) κότταβον προίεσθαι, XV, p. 667 b κότταβον πέμπειν, p. 667 c (Schol. zu Aristoph. Pac. 1243) κότταβον πρόεσις, p. 667 d (s. S. 23) πληγεῖσαν τῷ κοττάβῳ, p. 668 b (Pollux VI, 110) κότταβον ἀφιέναι, ferner im Schol. zu Aristoph. Pac. 343 (Suidas s. v. κοτταβίζειν) κότταβος λέγεται τὸ λεῖμμα τοῦ ποτηρίου und Photius s. v. λάταγες· κότταβον βάλλειν.

In der Bedeutung „Ziel-Gerät" dagegen begegnen wir dem Worte κότταβος nicht nur bei Athen. XV, p. 666 d

---

*) Σικελικὸν κότταβον im Fragmente des Anakreon (bei Athen. X, p. 427 d, s. S. 9) kann nicht mitsprechen, da das Verbum nicht feststeht.

κότταβος ἐκαλεῖτο καὶ τὸ ἄγγος κτλ.*) und den Lexikographen, nämlich Pollux VI, 109 κότταβος τῶν συμποτικῶν μέρος (s. S. 15), Hesychius s. v. κότταβος · σκεῦος συμποτικόν, ἐφ' οὗ τὰς λάταγας ἔβαλλον ἐρίζοντες (s. S. 14), Etym. magn. p. 533, 17 κότταβος ἦν τοιοῦτόν τι · λεκάνιον, ἐφ' ὃ κτλ. (s. S. 14), sondern auch bei alten Autoren wie Eupolis in den Βάπται (Kock, C. A. F. I, S. 278, No. 86) χαλκῷ περὶ κοττάβῳ, Kritias (s. S. 12) und Platon im Ζεὺς κακούμενος (s. S. 12) und in den Λάκωνες (Kock, C. A. F. I, S. 620, No. 69), Athen. XV, p. 665 b—d τὸν κότταβον παροίσω und später κότταβος δ' ἐξέρχεται θύραζε.

Der Umstand, dass von den drei Bedeutungen nur die letzte auch durch alte Autoren bezeugt ist, führt uns zur Frage nach der Grundbedeutung, nach der Etymologie des Wortes κότταβος.

Dass κότταβος etymologisch mit dem lateinischen *catampo* zusammenhänge, bezweifelt Otto Keller**). Ich halte es schlechthin für unmöglich und neige mich zu der schon in Forcellinis Lexicon ausgesprochenen Vermutung, dass catampo nichts anderes ist als das griechische κατ' ἀμφώ, das wohl ein Spiel bezeichnet, welches von zweien gespielt wurde; weiter werden wir durch die einzige hierauf bezügliche Stelle des Festus nicht aufgeklärt. Andere meinten, das Wort κότταβος hänge zusammen mit κόπτω schlage. Von „schlagen" ist aber bei unserem Spiele nicht die Rede. Maltos***) folgt der Vermutung Jahns und glaubt in dem durch den Wurf entstehenden Schall den Ausgangspunkt für die Herleitung des Wortes von κόπτω, äolisch κόσσω, κύττω zu finden. κόσσος (bei Suidas) = Backenstreich bestätigt diese Vermutung nur scheinbar. Solange für „äolisch" κόσσειν, κόττειν kein Beleg

---
*) Wahrscheinlich auch XV, p. 666 b ἡ τῶν κοττάβων παιδιά κτλ. (s. S. 9 fg.)
**) „Lateinische Volksetymologie und Verwandtes" (Leipz. 1891), S. 123
***) A. a. O. S. 110.

erbracht ist, muss diese Ableitung von κόπτω zu den etymologischen Spielereien gerechnet werden.

Ich bezeichnete oben (S. 14) die Erklärung des Photius zum Worte λάταγες als die wichtigste unter denjenigen Stellen, welche uns über die Grundform des Kottabos-Spieles Aufschluss geben. Sie ist es deshalb, weil sie uns auf den richtigen Weg zur Etymologie des Wortes κότταβος führt. Aus dieser Stelle und den übereinstimmenden Angaben über den **sicilischen** Ursprung des Spieles erhalten wir die richtige Deutung des Wortes. Es berichtet nämlich Pollux II, 29 zur Erklärung einer gewissen Haartracht, προκόττα genannt, dass die **Dorer**(!) den Kopf κοττίς nannten, und ebenso erklärt Galen κοττίς mit ἰνίον, παρεγκεφαλίς. Vergleichen wir hiemit die oben (S. 14) angeführten Worte des Photius, so kommen wir zu dem Schlusse, dass κοττίς, κόττα die dorischen Formen für κόττη sind, gleichbedeutend mit ἰνίον, παρεγκεφαλίς, κρανίον, also Schädeldecke, **Hirnschale** bedeuteten. Ein Gefäss also, das einer solchen glich — und das war bei den zum Kottabos-Spiel dienenden der Fall laut dem Zeugnisse nicht nur des Photius, sondern auch aller übrigen Erklärer, die sämtlich die Zielgefässe als phialenartige bezeichnen*) — konnte leicht den Namen (Hirn-) Schale erhalten**). Ausserdem spricht bei der geringen Anzahl der Substantiva auf -βος auch das eine Beispiel κάννα — κάνναβος***) für die Ableitung von κότταβος aus κόττα†). Wir können

---

*) S. S. 14; in dem auf S. 12 angeführten Fragmente aus dem Ζεὺς κακούμενος des Platon (Kock, C. A. F. I, S. 612, Nr. 46, Athen. XV, p. 666 d) wird, wie bemerkt, augenscheinlich nur aus dem Grunde, weil ein κότταβος (= φιάλη) nicht zur Hand ist, eine θυεία, ein Mörser, genannt.

**) Vgl. skt. kharparas und vulgärlat. testa.

***) Pollux X, 176. — Vgl. auch κανναβίς (κάναβις) und κοτταβίς.

†) Eine Form κοττός finden wir bei Aristot., hist. animal. IV, 8 zur Bezeichnung einer Fischgattung, nämlich der des Grosskopfes (auch Kaulkopf genannt).

also mit ziemlicher Sicherheit die Angabe vom sicilischen
Ursprunge unseres Spieles dahin erweitern, dass wir sagen:
Das Kottabos-Spiel ist bei den in Sicilien eingewanderten Dorern aufgekommen. Denn gegen die Annahme,
dass das Spiel schon vor der Einwanderung dorischer Ko-
lonisten in Sicilien bestanden habe, dass es also eine Erfindung der Elymer, Sikaner oder Sikeler gewesen sei, gegen
diese Annahme spricht schon die Zeit, in der nach allen
unseren Quellen das Spiel im Schwung gewesen ist [nicht wohl
vor dem 6. und nicht leicht nach dem 3. Jahrhundert*).]

Κότταβος bedeutet also „Schale" und κοτταβίζειν (καλώς)
κοτταβεῖν „des Spieles mit der Schale (mit Fertigkeit) pflegen.
Eine Schale war ursprünglich der einzige und später der
hauptsächlichste Bestandteil des Ziel-Gerätes, und es blieb
die Bezeichnung κότταβος auch für die Schale beim κότταβος
κατακτός, an deren Stelle bald die Scheibe trat. Von dem
hauptsächlichsten Bestandteile aber wurde die Bezeichnung
auf den ganzen Ziel-Apparat des κότταβος κατακτός übertragen**) und ebenso, wie auch bei der einfachen Art und
dem κότταβος δι' ὀξυβάφων, auf das Spiel überhaupt.

Damit ist eigentlich schon die Meinung, dass κότταβος ur-
sprünglich- λάταξ sei, indem die Bezeichnung des Spieles von dem
„Schlag" (κόπτω) herrühre, mit welchem die λάταξ auffalle, als
irrig erwiesen. Es ist aber vielleicht doch nicht unangemessen,
die „Stützen" für jene Meinung näher zu betrachten. Die
meisten der Erklärer glaubten, wie bereits oben (S. 72)
erwähnt, an einen etymologischen Zusammenhang des Wortes κότταβος mit κόττω (κόσσω), κόπτω, der faktisch nicht besteht, da uns ein Beleg für eine Form κόττω statt κόπτω

---

*) S. S. 65 fg.
**) Vgl. Hesychius s. v. κότταβος (s. S. 14) und Tzetzes, Chiliad. VI,
892 κότταβον καὶ τὸ ὄργανον ἅπαν ἐκάλουν τοῦτο.

mangelt. Andere beriefen sich auf den Ausdruck κοττάβων ἀραγμός aus dem Πλεισθένης des Euripides *), den sie für gleichbedeutend mit „Lärm der λάταγες" hielten. Dass diese Worte ebenso gut, ja besser auf das durch das Herabfallen der πλάστιγξ (κότταβος!) hervorgerufene Klirren des ehernen Apparates (der λεκάνη und der πλάστιγξ selbst) bezogen werden können als auf den Klatsch der niederfallenden λάταξ, der nur ein unbedeutender sein konnte, daran scheint man nicht gedacht zu haben. Selbst dann, wenn man hier den κότταβος in der einfachen Form annimmt, dürfte unter κοττάβων ἀραγμός eher das durch die λάταγες erregte „Klirren der (Ziel-)Gefässe" als das „Geräusch der (auffallenden) λάταγες" zu verstehen sein.

Noch weniger kann aus den Ausdrücken προίεσθαι κότταβον u. ä. (s. S. 71) ein Beleg für jene Annahme gefunden werden. Dass sie alle brachylogische Wendungen für πρός κότταβον προίεσθαι (sc. τὴν λάταγα) etc. sind, beweist πρὸς κότταβον παίζειν im Fragmente aus dem Ζεὺς κακούμενος des Platon (s. S. 12). Ein derartiger prägnanter Ausdruck ist ebenso wenig auffallend, wie die besonders nahe liegenden deutschen Wendungen „Kegel schieben" und „Scheiben schiessen" statt „nach den Kegeln (die Kugeln) schieben" und „nach der Scheibe (eine Kugel, einen Pfeil) schiessen".

Aus dieser willkürlichen Vertauschung der Begriffe λάταξ und κότταβος erklärt sich auch V. 1011 des Plautinischen „Trinummus"

Cave sis tibi ne bubuli in te cottabi crebri crepent.

der von vielen, z. B. Groddek, als deutlichster Hinweis auf einen etymologischen Zusammenhang des Wortes κότταβος mit κόπτω betrachtet wurde. Dass der Dichter (!) bei einem

---
*) S. S. 60.

bubulus von „Güssen" ebensogut sprechen kann wie von „Schlägen", dies scheinen jene Gelehrten nicht für möglich gehalten zu haben.

Nach unserer Erklärung des Wortes κότταβος kann κοτταβεῖον (κοττάβιον) nur das Ziel beim κότταβος κατακτός bezeichnet haben, so dass der Gebrauch des Wortes κοτταβεῖον für den Kottabos-Apparat in der einfachen Form ausgeschlossen ist. Hier wäre zum Adjektiv κοτταβεῖον zu ergänzen ἄγγος und dies ergäbe nichts anderes als „hölzernes Holz". Beim zusammengesetzten Apparat des κότταβος κατακτός dagegen ist der Ausdruck κοτταβεῖον sc. σκεῦος*) am Platze. Die Erklärung des Pollux VI. 111 ἐκαλεῖτο οὐ τὰ ἀγγεῖα κοτταβεῖα μόνον κτλ.**) sowie die diesen Worten unmittelbar vorausgehenden Stellen τὸ δὲ (κοτταβεῖον) ἦν κοίλη τις καὶ περιφερὴς λεκανίς, ἣν καὶ χαλκίον ἐκάλουν καὶ σκάφην· ἔοικε δὲ πόλῳ τῷ τὰς ὥρας δεικνύντι und τὸ μὲν κοτταβεῖον χαλκοῦ πεποιημένον ὥσπερ λυχνίου τὸ ἐπίθεμα, ὃ τὸν λύχνον ἐπ' αὐτοῦ φέρει) beeinträchtigen die Geltung meiner Annahme nicht. Denn dass man sich schon bald der eigentlichen Bedeutungen der Formen κότταβος, (ἀπο)κοτταβίζειν, (ἀπο)κοτταβισμός nicht mehr erinnerte, ja sogar ganz fremdartige Dinge darunter verstand, geht aus den oben (S. 53 ff.) besprochenen Stellen aus Athenaeus (XV, p. 665e) und Pollux (VI, 111) deutlich hervor. Bei Theophylactus Simocatta, Epist. IX, finden wir gar die Phrase ἀπεκοττάβιζον καθ' ἡμέραν τὰ δάκρυα.

---

*) Vgl. Hesychius s. v. κότταβος (s. S. 14).

**) S. S. 62.

Exkurs II.
Bedeutung und Etymologie des Wortes λάταξ.

Die Zurückweisung der Annahme, als sei es beim Kottabos-Spiel erfordert gewesen, einen möglichst lauten Schall hörbar zu machen, führt uns zu einer Untersuchung über die Etymologie des Wortes λάταξ und der hievon abgeleiteten Ausdrücke λαταγεῖν und λαταγεῖον.

Mehrere Lexicographen erklären nämlich, in jener Meinung befangen, das Wort λάταξ, das, wie oben *) bemerkt, Dikaearch in der Schrift über Alkaios als sicilisches bezeichnet (Athen. XV, p. 666 b) direkt mit ψόφος, ἦχος. Bei Hesychius heisst es z. B. λάταγας· τοὺς ψόφους ἐκ τῶν ποτηρίων, bei Pollux VI, 110 **) ἐχρῆν . . . . ψόφον, ὃς ἐκαλεῖτο λάταξ und im Etym. magn p. 533, 23 s. v. κοτταβίζω· ὁ ἦχος δὲ ἐκαλεῖτο λάταξ. Direkt aber ist das Wort als onomatopoetisches bezeichnet in einer anderen Stelle im Etym. magn. nämlich p. 557, 56, wo es heisst: λάταξ· παρὰ τὸ λα ἐπιτατικὸν καὶ τὸ στάζω, ταξ. Der leise klatschende Anprall der Weinneige auf einem Metallbecken klingt in der That dem Tone des Wortes λάταξ nicht unähnlich. Λάταξ wäre also nach dieser Stelle das, was mit einem Klatsch auf den Boden oder in ein Gefäss fällt, das davon λαταγεῖον heisst. Diese Erklärung aus dem Worte selbst erscheint zwar ansprechend, sie verdient aber wenig Glauben. Erstens ist an keiner anderen Stelle, wo das Wesen und der Zweck der λάταξ erläutert wird, Ähnliches wie im Etym. magn. p. 557, 56 ge-

---
*) S. S. 11.
**) S. S. 55.

sagt. Zweitens muss gegen die onomatopoetische Erklärung des Wortes λάταξ, die von Potter und Jahn ohne Bedenken angenommen wurde, geltend gemacht werden, dass wir nach ihr eine λάταξ erst dann hätten, wenn sie aus dem Becher geschleudert ist, was den Erklärungen λατάγη ἐστὶν τὸ ὑπολειπόμενον ὑγρόν u. a.*) widerstreitet. Ebenso steht die Bedeutung des lateinischen *latex*, das vermutlich mit λάταξ gleichen Ursprungs oder gar aus dem Griechischen entlehnt ist, jener Annahme entgegen. *Latex* heisst stets „Flüssigkeit, Nass", nicht aber „Rest", oder gar „Rest, der klatschend zu Boden fällt".

Noch weniger werden wir eine andere Angabe acceptieren, zu der sich Hesychius offenbar durch die Beziehung zwischen λαταγεῖον und κοτταβεῖον verleiten liess, dass nämlich λαταγεῖν schlechthin ψοφεῖν, τύπτειν sei.

Mit der Identifizierung von κότταβος und λάταξ, der ebenso falschen Ableitung des ersten Begriffes von κόπτω und der Annahme von einem onomatopoetischen Charakter des Wortes λάταξ kamen die Scholiasten und Lexikographen schliesslich dazu, nicht nur λάταξ und ψόφος sondern auch λάταξ, ψόφος und κότταβος auf eine Stufe zu stellen. So heisst es beim Schol. zu Aristoph. Acharn. 525 (Suidas s. v. κότταβος) εἰς ταύτην (sc. χαλκῆν φιάλην; s. S. 13) ἔῤῥιπτον εἰς τὸ ψόφον ἐκτελέσαι, ὃς ἐκαλεῖτο κότταβος. ferner bei Hesychius s. v. λάταξ· κότταβος ὁ ἀποῤῥιπτούμενος ἀπὸ τῶν ποτηρίων καὶ ἦχον ἀποτελῶν, und etwas später λάταξ· ψόφος, κότταβος**) ὁ ἀπὸ ποτηρίου γενόμενος.

---
*) S. S. 14.
**) Muss wohl heissen λάταξ · κότταβος, ψόφος ὁ ἀπὸ ποτηρίου γενόμενος.

Exkurs III.

Bedeutung und Etymologie des Wortes ὀξύβαφον.

Zu dem Worte ὀξύβαφον gibt Athenaeus XI, p. 494 b-e folgende Erklärung: ἡ μὲν κοινὴ συνήθεια οὕτως καλεῖ τὸ ὄξους δεκτικὸν σκεῦος· ἔστι δὲ καὶ ὄνομα ποτηρίου, οὗ μνημονεύει Κρατῖνος μὲν ἐν Πυτίνῃ οὕτως (Kock, C. A. F. I, S. 70, No. 187)·

πῶς τις αὐτόν, πῶς τις ἂν
ἀπὸ τοῦ πότου παύσειε, τοῦ λίαν πότου;
ἐγῴδα. συντρίψω γὰρ αὐτοῦ τοὺς χόας,
καὶ τοὺς καδίσκους συγκεραυνώσω ποδῶν,
καὶ τἄλλα πάντ' ἀγγεῖα τὰ περὶ τὸν πότον,
κοὐδ' ὀξύβαφον οἰνηρὸν ἔτι κεκτήσεται

ὅτι δ' ἐστὶ τὸ ὀξύβαφον εἶδος κύλικος μικρᾶς κεραμεᾶς, σαφῶς παρίστησιν Ἀντιφάνης ἐν Μυστίδι διὰ τούτων (Kock, C. A. F. II, S. 77, No. 163)· γραῦς ἐστι φίλοινος ἐπαινοῦσα κύλικα μεγάλην καὶ ἐξευτελίζουσα τὸ ὀξύβαφον ὡς βραχύ. εἰπόντος οὖν τινος πρὸς αὐτήν „τὸ δ' ἀλλὰ πίθι", λέγει

τοῦτο μέν τοι πείσομαι
καὶ γὰρ ἐπαγωγόν, ὦ θεοί, τὸ σχῆμά πως
τῆς κύλικός ἐστιν ἄξιόν τε τοῦ κλέους
τοῦ τῆς ἑορτῆς· οὗ μὲν ἦμεν ἄρτι γὰρ
ἐξ ὀξυβαφίων κεραμεῶν ἐπίνομεν·
τούτῳ δέ, τέκνον, πολλὰ κ'ἀγαθ' οἱ θεοὶ
τῷ δημιουργῷ δοῖεν, ὃς ἐποίησέ τε,
τῆς συμμετρίας καὶ τῆς ἀφελείας εἵνεκα.

κἂν τοῖς Βαβυλωνίοις οὖν τοῖς Ἀριστοφάνους (Kock, C. A. F. I, S. 410, No. 70) ἀκουσόμεθα ποτήριον τὸ ὀξύβαφον, ὅταν ὁ Διόνυσος λέγῃ περὶ τῶν Ἀθήνησι δημαγωγῶν ὡς αὐτὸν ἤρουν ἐπὶ τὴν δίκην ἀπελθόντα ὀξυβάφω δύο. οὐ γὰρ ἄλλο τι ἡγητέον εἶναι ἢ ὅτι ἐκπώματα ἤρουν. καὶ τὸ τοῖς ἀποκοτταβίζουσι δὲ ὀξύβαφον τιθέμενον, εἰς ὃ τὰς λάταγας ἐγχέουσιν, οὐκ ἄλλο τι ἂν εἴη ἢ ἐκπέταλον ποτήριον. μνημονεύει δὲ τοῦ ὀξυβάφου ὡς ποτηρίου καὶ Εὔβουλος ἐν Μυλωθρίδι (Kock, C. A. F. II, S. 186, No. 65)

καὶ πιεῖν χωρὶς μέτρῳ
ὀξύβαφον εἰς τὸ κοινόν· εἶθ᾽ ὑπώμνυτο
ὁ μὲν οἶνος ὄξος αὐτὸν εἶναι γνήσιον,
τὸ δ᾽ ὄξος οἶνον αὐτὸ μᾶλλον θατέρου.

Obwohl nun Athenaeus in diesen, vermutlich seiner Hauptquelle in grammatischen Dingen, dem Lexicon des Pamphilus [*], entnommenen Angaben das ὀξύβαφον ausdrücklich als flaches Trinkgefäss (ἐκπέταλον ποτήριον) bezeichnet, bezog Panofka[**] ein Gefäss hieher, das nicht im geringsten einem solchen gleicht, sondern nur, wie Panofka selbst sagt, einem ἀμφορεύς, πρόχους oder κρατήρ, oder besser gesagt, einem glockenähnlichen κρατήρ, von den Italienern „vaso a campana" genannt. Was Panofka zu dieser Identifizierung des ὀξύβαφον mit der campana-Vase veranlasste, ist der Umstand, dass auf den Fuss jenes Gefässes ΟΞΥΒΑΦΑ : ΔΔ eingekratzt ist.

Panofka glaubte offenbar, dass der Verfertiger der Vase mit der Inschrift den Namen derselben habe angeben wollen.

---

[*] Vgl. Bapp, „de fontibus Athenaei" in Leipz. Studien, VIII. Bd. (1885) S. 85—160 und Rudolph, „Die Quellen des Athenaeus" im „Philologus", VI. Supplementband (1891).

[**] „Récherches sur les véritables noms de vases grecs" etc., (Paris 1829), S. 20, No. 37 und 38 (Taf. I. 38 und VII. 37).

Dieser Annahme widerstreitet aber schon der Plural, und
dann wäre es doch in hohem Grade komisch, wenn ein Gewerbs-
meister auf seine Fabrikate schreiben würde, was sie vor-
stellen sollen*). Was diese da und dort auf den Fuss des
Gefässes gesetzten Vasennamen für eine Bedeutung haben,
das hat Letronne**) und noch überzeugender mein hochverehrter Lehrer Brunn***) dargethan. Nach ihren Ausführungen sind diese auf einer Reihe von Vasen etruscischen
Fundorts†) flüchtig eingeritzten Inschriften (zum Teil ganz
unverständliche Zeichen, zum Teil etruscische aber ebenso
häufig auch griechische [nacheuklidische] Buchstaben), wie die
öfter wiederkehrenden Silben λη, λην [θοι], υδρ [ιαι], κυλ [ικες],
λυ [δια], λε [κυθιδες], χυτρ [ια], nicht selten mit nachfolgenden
Zahlzeichen lehren, der Hauptsache nach Notizen, welche
sich auf Verkauf, Bestellungen und dergl. beziehen. Diese
Kritzeleien erlauben also keinen Schluss auf die Gestalt der
ὀξύβαφα ††). Somit ist kein Anlass gegeben, die Erklärung
des Athenaeus ὀξύβαφον = ἐκπέταλον ποτήριον zu ignorieren.

---

*) Ebensowenig kann die Vermutung zu recht bestehen, dass diese
Inschriften als ungefähre Massangaben aufzufassen seien. Denn sieht
man näher zu, so findet man, dass bei unserem Gefässe die Sache
gar nicht klappen würde. Unsere Campana-Vase enthält nicht 20 mal
(λ λ) den vierten Teil eines Viertelliters sondern eher 20 Viertelliter.

**) „Journal des savants" 1837, S. 750—753.

***) „Probleme in der Geschichte der Vasenmalerei" [Abhandl. der k.
bayer. Akad. d. W. I. Cl., XII. Bd. (1871) 2. Abt., S. 20 fg.]

†) Bezüglich der campanischen stehen Brunn nicht hinlängliche Belege zu Gebote.

††) Denn dass der Töpfer oder der Maler solche Notizen gerade
auf ein Gefäss von der gleichen Sorte schrieb, ist nicht nötig anzunehmen; er brachte sie eben an dem Gefässe an, das er gerade in der
Arbeit hatte.

Dass aber das ὀξύβαφον in der That ein kleines flaches Gefäss war, geht erstens aus dem (durch ἐκπέταλον auch der Form nach präcisierten) Ausdruck ποτήριον hervor, worunter ein Becher, aber kein Mischkessel zu verstehen ist, und zweitens heisst es nur wenige Zeilen vorher (XI. p. 494 c, d) ausdrücklich ὀξύβαφον εἶδος κύλικος μικρᾶς.

Durch den eben besprochenen Irrtum Panofkas war ein zweiter bedingt. Er wie Ussing*) glaubte, ὀξύβαφον und ὀξυβάφιον seien verschiedene Dinge. Ussing meinte, die Erklärung des Athenaeus zum Fragmente aus der Μυστίς des Antiphanes ὅτι δ' ἐστί τὸ ὀξύβαφον εἶδος κύλικος μικρᾶς κεραμεᾶς σαφῶς παρέστησεν 'Αντιφάνης κτλ. beruhe auf Oberflächlichkeit, da doch im Fragmente nur von einem ὀξυβάφιον die Rede sei, nicht aber von einem ὀξύβαφον. Letronne aber**) und Krause***) erkannten, dass hier — es ist die einzige Stelle, wo wir dem Worte ὀξυβάφιον begegnen — das weinliebende Weib nur deshalb das Diminutivum gebraucht, um ihre Abneigung gegen kleine Trinkgefässe auszudrücken, nicht aber weil ὀξύβαφον ein grosses und ὀξυβάφιον ein kleines Gefäss bezeichnete. Alles, was Ussing über die Form des ὀξύβαφον Positives anzugeben wusste, war: „So viel ist sicher, dass man es unter den vielen uns erhaltenen kleinen Thongefässen zu suchen hat." Krause versuchte wenigstens, es zu finden. Er vermutete†), dass das ὀξύβαφον seiner Gestalt nach dem κύμβιον, dem nicht besonders hohen und weiten Trinkgefäss, am nächsten stand††) und findet es deshalb nicht

---
*) „De nominibus vasorum Graecorum disputatio" (Kopenhagen 1844). S. 163—166.

**) „Journal des savants" 1833, S. 609 ff.

***) „Angeiologie" (Halle 1854) S. 422.

†) A. a. O. S. 420.

††) Nach Nikander, Ther. 526 nebst Schol. ist ὀξύβαφον synonym zu κύμβος τραπεζήεις. Krause stützt sich auf Hesychius, der κύμβη mit

auffallend, wenn das ὀξύβαφον als eine besondere Art der κύλιξ bezeichnet wird.

Ich glaube, dass es eher unseren Untertassen oder den beim Kartenspiel verwendeten Schüsselchen conform ist. Grösser, besser gesagt inhaltsreicher, kann es schon deshalb nicht gewesen sein, da es wie das römische acetabulum als Hohl-Mass nur $\frac{1}{4}$ κοτύλη = $\frac{1}{4}$ κύαθος (cyathi) hielt, also etwa 0,068 l oder, den 4. Teil eines Viertelliters*). Zu dieser geringen Grösse des ὀξύβαφον passt auch sein Gebrauch beim Kottabos Spiel; wäre es merklich grösser gewesen, dann hätten einige Tropfen Weines wohl nicht hingereicht, es zum Untersinken zu bringen.

Eben wegen der geringen Grösse des ὀξύβαφον halte ich es auch für ganz unwahrscheinlich, dass dasselbe auch als **Trinkgefäss** Verwendung gefunden. Es scheint hier die Sache ähnlich zu stehen wie bei der im Exkurs V zu besprechenden Angabe des Athenaeus (XV, p. 667c) über ἀγκύλη. Athenaeus oder vielmehr sein Gewährsmann Pamphilus scheint auch hier Stellen, in welchen das Wort ὀξύβαφον vorkommt, als Belege für seine Behauptung, das ὀξύβαφον sei ein Trinkgefäss, aufgenommen zu haben, obwohl sie, genauer betrachtet, es nicht sind. Wenn es z. B. im letzten Verse des Fragmentes aus der Ποτίνη heisst:

κοὐδ᾽ ὀξύβαφον οἰνηρὸν ἔτι κεκτήσεται.

ὀξύβαφον und auf Alexis 164, der κόμβη und κόμβιον mit τρύβλιον erklärt, welch letzteres nach Suidas s. v. ὀξύβαφον von diesem nicht sehr verschieden zu sein scheint. Bei Suidas werden die παροψίδες, die flachen Behälter für die Zuspeise, mit ἐμβάφια und ὀξύβαφα erklärt, ebenso bei Hesychius und Photius.

*) Hultsch, Griech. und röm. Metrologie ² (Berlin 1882), S. 101 fg. und Nissen, Griech. u. röm. Metrologie, Bd. I⁴, S. 673 und 692 des J. Müller'schen Handbuches der klass. Altertumswissenschaft (München 1893).

so scheint das nicht den Sinn zu haben: „nicht einmal ein ὀξύβαφον zum Wein (trinken) wird ihm gelassen werden, (geschweige denn ein χοῦς, ein καδίσκος)", sondern „nicht einmal so viel Wein, als in einem ὀξύβαφον Platz hat". Gebrauchen doch auch wir ähnliche Hyperbel-Metonymien. Athenaeus thut nahezu dasselbe, als wenn ein in Deutschland reisender Engländer oder Franzose seinen Landsleuten berichten würde: „Die Deutschen besitzen ein Trinkgefäss, das den Namen „Fingerhut" oder „Nussschale" hat". Was ferner das Fragment aus der Μυστίς des Antiphanes betrifft, so scheint, wie bereits oben (Exk. III, S. 82) angedeutet, ὀξύβαφον eine verächtliche Bezeichnung für wirkliche κύλικες zu sein. Die Geringschätzung ist zum Ausdrucke gebracht durch die Diminutivform. Dass kleine Becher auch wirklich ὀξύβάφια hiessen, kann, da das Wort sonst nicht vorkommt, sondern nur scherzhaft fingiert ist, doch wohl aus jener Stelle nicht geschlossen werden. Des weiteren will Athenaeus seine Angabe mit einer Stelle aus den Βαβυλώνιοι des Aristophanes beweisen, wo Dionysos von den Demagogen zu Athen sagt, sie hätten ihm zwei ὀξύβαφα abverlangt. Was für Athenaeus an dieser Stelle das ὀξύβαφον zu einem Trinkgefäss macht, ist die Person des Dionysos. Bei diesem kann er nur Trinkgefässe annehmen; dass aber Dionysos auch andere Gefässe, besonders solche, die man beim Schmause benötigt, besitzen konnte, scheint dem Athenaeus nicht beigekommen zu sein. Die vierte Stelle aus der Μυλωθρίς des Eubulus ist zu korrupt, als dass sie für uns nach der einen oder anderen Seite hin beweiskräftig erscheinen könnte. Bemerkenswert ist auch, dass Lexikographen, die derselben Quelle wie Athenaeus folgten, nichts derartiges berichten.

Ob nun das ὀξύβαφον, wie man angenommen hat, zur Aufnahme des Essigs bestimmt war, in welchen man beim

Mahle die Fleischstücke nach Belieben eintunken konnte, wird sich nach Feststellung der Etymologie des Wortes beurteilen lassen. Athenaeus überliefert in der oben wiedergegebenen Stelle, das ὀξύβαφον habe gleich der ὀξίς zur Aufnahme des Essigs gedient; nach Pollux VI, 85 (ὀξύβαφα, ἐν οἷς τὰ ἡδύσματα ἢ βρώματα) bewahrte man in ihm überhaupt scharfe, würzende Substanzen auf. Gegen diese Erklärungen wäre nun nichts einzuwenden, wenn das Wort ὀξόβαφον hiesse, denn ὄξος bedeutet Essig, nicht aber ὀξύς. Die Form ὀξόβαφον finden wir aber nirgends, im Gegenteil Photius bemerkt ausdrücklich, es sei ὀξύβαφον nicht ὀξόβαφον zu schreiben. Wie verhält es sich nun bezüglich des zweiten Teiles des Wortes ὀξύβαφον? Krause*) meinte etwas unklar, er deute entweder auf Eintunken oder darauf, dass die im τρύβλιον befindlichen Speisen mit scharfen Stoffen angemacht waren. Aber so darf man nicht mehr operieren, nachdem es eine Wissenschaft der Etymologie gibt. Diese nötigt uns, im ersten Teil des Kompositums eine nähere Bestimmung des zweiten Elementes des Wortes zu suchen. Dieses Verhältnis ergibt sich nun auch in der That, wenn wir nach der Analogie von ὀξύπορος „sich schnell hindurchbohrend", ὀξύρροπος „sich rasch neigend", ὀξύρροος „schnell fliessend", auch ὀξύβαφον mit ὀξύ (ὀξέως) βαπτόν „schnell untersinkend" erklären (ὀξύβαφον sc. ἄγγος). Das Gegenstück zu den ὀξύβαφα haben wir in den ἐμβάφια, welche Hesychius als λοπάδες βαθεῖαι ἀπὸ τοῦ βάπτειν ἐν βάθει, als „tief in eine Flüssigkeit eintauchende", als tiefe, d. h. becherartige Gefässe bezeichnet. Passte nun die Bezeichnung ὀξύβαφον („rasch untersinkend") auf jene flachen Gefässe, die diese Bezeichnung trugen? Gewiss, denn je flacher ein Gefäss, eine desto ge-

*) A. a. O. S. 420.

ringere Beschwerung wird es zum Untersinken bringen, während ein Gefäss, das höher ist als breit, mit einem Worte, ein flaschen oder becherartiges nur infolge einer heftigen Erschütterung, unter Umständen nie, untergeht.

Aus der Bemerkung des Suidas zum Worte ὀξύβαφον zu schliessen, dass diese Geschirre durchgehends fein gearbeitet gewesen, wie Ussing thut, entbehrt der Berechtigung; dass sie wie alles Tischgeräte dann und wann aus kostbarem Metalle gefertigt waren, beweist das Fragment aus den Πρέσβεις des Komikers Platon (Kock, C. A. F. 1, S. 633, No. 119), das Athenaeus VI, p. 229 f zitiert.

Exkurs IV.
Bedeutung und Etymologie des Wortes καταχτός.

Wir haben im II. Kapitel unserer Abhandlung eine Reihe von Erklärungen des κότταβος καταχτός auf ihre Richtigkeit geprüft und sie als irrtümliche erklären müssen. Den dort verzeichneten haben wir gesondert von der fortlaufenden Darstellung eine weitere nachzutragen, gesondert deshalb, weil sie weniger die Vorstellung von der wirklichen Form des κότταβος als die Deutung des Wortes καταχτός und damit die Vorstellung von der Entwicklung des κότταβος καταχτός beeinträchtigte. Unangefochten bis auf den heutigen Tag erhielt sich die von Jahn[*], Heydemann[**], Blümner[***], Higgins[†] u. a. vertretene Meinung, es sei mit dem Ausdrucke

---
[*] A. a. O. S. 206.
[**] A. a. O. S. 223.
[***] A. a. O. S. 506.
[†] A. a. O. S. 386.

κότταβος κατακτός eine besondere Einrichtung des Ständers bezeichnet worden, mittels deren man ihn je nach der Höhe des Zimmers beliebig verlängern oder verkürzen konnte. Jahn sagt: „Wahrscheinlich war in dem hohlen Schaft ein Stab, der leicht herauszuschieben war und durch kleine Pflöcke oder eine entsprechende Vorrichtung in beliebiger Höhe festgehalten und ebenso bequem heruntergelassen werden konnte. Eine solche Vorrichtung war nötig, um das Ziel jederzeit beliebig hoch oder niedrig stellen und mit Bequemlichkeit das κοτταβεῖον, wie es ja ungemein häufig erforderlich war, abnehmen oder aufsetzen zu können". Higgins meint, auf diese Vorrichtung beziehe sich im Frieden des Aristophanes*) die von Trygaeus angeratene Verwendung der Trompete, indem der Stab nach oben oder unten durch das Mundstück des Instrumentes hindurchgeschoben werden konnte. Aber weder auf den Vasenbildern noch an den bisher aufgefundenen Exemplaren ist eine Spur einer solchen Vorrichtung zu erkennen. Sind die Stäbe nicht hohl, so ist ein Auf- und Abschieben, selbst wenn, wie es bei einzelnen vorhandenen Kandelabern der Fall ist, der Schaft nur durch einen Pflock in einer Hülse befestigt ist, die mit der gewöhnlich aus einer runden, auf einigen Füsschen ruhenden Scheibe bestehenden Basis ein Stück bildet, deshalb nicht möglich, weil der Spielraum zwischen der Basis und der Fläche, auf der sie mit ihren Füssen ruht, höchstens 2—3 cm beträgt. Von einem Verlängern oder Verkürzen, von dem auch Barnabei spricht**), kann also hier nicht die Rede sein. Bei den hohlen Kottabos-Ständern aber ist entweder das Manes-Figürchen an den hohlen Schaft gelöthet, oder es passt die an die Basis nach unten sich anschliessende Hülse

---
*) S. S. 24.
**) A. a. O. S. 318.

auf denselben so gut, dass man nicht annehmen kann, es habe auf einem zweiten Schafte, der erst auf (in) den ersteren gesteckt wurde, also einen grösseren (kleineren) Umfang wie letzterer haben musste, seinen Platz gehabt. In einer Anzahl von Darstellungen offenbar hohler Kottabos-Ständer auf Vasen bemerkt man allerdings deutlich, dass zwei Teile in einander gesteckt sind. Abgesehen aber davon, dass es doch viel näher liegt, an die technischen Schwierigkeiten zu denken, welche man hätte überwinden müssen, wenn man aus einem Stücke einen nahezu 2 m hohen Schaft hätte formen wollen, der noch dazu sich zu einer der Schallöffnung einer Trompete ähnlichen Basis erweitert, ist von einem Pflocke, der den oberen Teil in der gewünschten Höhe gehalten hätte, nichts zu sehen.

Jahn war aus zwei Gründen zu der besagten Meinung bestimmt worden. Einmal verleitete ihn, wie bereits angedeutet, der Umstand, dass bei Kandelabern (λυχνία), mit denen ja häufig die Kottabos-Stäbe identifiziert, besser gesagt verglichen werden*), sich dann und wann eine Vorrichtung zum Verlängern und Verkürzen findet, die darin besteht, dass sowohl der hohle Schaft wie der massive Stab, der in jenen gesteckt wird, mit mehreren übereinander angebrachten kleinen

---

*) Von den λυχνία (φάνος) unterscheiden sie sich schon durch ihren viel dünneren Schaft, den Pollux VI, 110 [ἔοικε δὲ πόλῳ τῷ τὰς ὥρας δεικνύντι mit dem Zeiger einer Sonnenuhr vergleicht. S. auch Martini „Über die Sonnenuhren der Alten" (Leipzig 1877)]. Bez. der φάνος vgl. auch „Arch. Zeitung" 1858, Taf. 117, No. 1—6 und das Vasenbild im „Jahrb. des Inst." 1892, S. 149.

Dass man im Notfalle auch einen Lampenständer als Träger des κότταβος verwenden konnte, soll gerade nicht in Abrede gestellt werden. Der Meinung aber, dass Kottabos-Ständer und Lampenträger eigentlich ein und dasselbe Gerät seien und man auf einen Lampenträger einfach

Löchern versehen ist, durch die man nur einen Pflock oder Nagel hindurchzustecken brauchte, um das Gerät in einer bestimmten Höhe erhalten zu können *). Aber was bei einem Lampenträger zweckdienlich und thatsächlich häufig vorhanden war, musste das auch beim Kottabos-Stab der Fall sein? Keineswegs. Wir haben thatsächlich nur eine Höhe der Kottabos-Ständer. In den Darstellungen auf Vasen sind sie fast durchgehends über mannshoch, wozu die Höhe der bisher aufgefundenen Originale (170—185 cm) wohl passt. Der nur 80 cm hohe Schaft des aus Corchiano stammenden, im hiesigen Antiquarium befindlichen Exemplares würde nur dann gegen unsere Ansicht sprechen, wenn der Ring, auf welchem die untere Scheibe ruht, nicht ergänzt wäre. So aber sind wir zur Vermutung berechtigt, dass letztere ehedem leicht an einer anderen Stelle des Schaftes sich befand und dass der Stab um vieles länger war.

In zweiter Linie ist der Irrtum Jahns und seiner Nachfolger gegründet auf eine Erklärung des Sophisten Athenaeus, der aber selbst schwerlich einen wirklichen κότταβος vor Augen hatte. Die diesbezügliche Stelle bei Athenaeus XV, p. 666 e lautet: ἐκάλουν δὲ καὶ κατακτούς τινας κοττάβους· ἔστι

---

statt der Lampe eine πλάστιγξ aufzulegen brauchte, um einen Kottabos-Ständer zu erhalten, dieser Meinung kann ich ganz und gar nicht beistimmen. Der durch die auf Taf. IVa und IVb wiedergegebenen Originale und durch die Vasenbilder vollständig sicher gestellte Typus der Kottabos-Ständer ist von dem der wahrlich in nicht geringer Anzahl erhaltenen Lampenträger gar weit verschieden. Letztere sind nicht nur viel dicker, sondern auch viel niedriger wie jene. Ausserdem steht auch der μάνης einer derartigen Umwandlung im Wege.

*) Jahn verweist auf einen von Quaranta, „Di un candelabro di bronzo" (Neapel 1852), publizierten Bronzeleuchter.

δὲ λυχνία ἀναγόμενα πάλιν τε συμπίπτοντα*). Darnach käme, meinte Jahn, die Bezeichnung κατακτός von der durch eine Vorrichtung ermöglichten auf- und abwärts gehenden Bewegung des Schaftes**), während Athenaeus wohl das Auflegen und Herabschleudern der Plastinx im Auge hat. Die Grundbedeutung von κότταβος, „Schale", zeigt uns auch die Brücke vom κότταβος in der einfachen Form oder dem Spiel ἐν λεκάνῃ (= κότταβος δι' ὀξυβάφων) zum κότταβος κατακτός. Bei jenen war das Ziel eine auf den Boden gestellte Schale, die, um das Treffen nicht zu sehr zu erschweren, die Dimensionen eines λουτήρ, ποδανιπτήρ***) annehmen konnte; beim κότταβος κατακτός war es die anfänglich auf der in die Höhe gehaltenen Hand eines Sklaven, später auf der Spitze eines Stabes im Gleichgewicht schwebende πλάστιγξ†). Statt der auf den Boden gestellten Schale, in welche die Neige mit hörbarem

---

*) Schol. zu Aristoph. Pac. 1242 κατακτοὶ δὲ ἐκλήθησαν, ἀπὸ τοῦ κατάγειν καὶ αὖ πάλιν ἀνάγειν τὸν κότταβον; Schol. zu Aristoph. Pac. 1244 ἐλέγοντο δέ τινες καὶ κατακτοὶ κότταβοι.

**) Mit dieser Annahme bringe ich in Verbindung die mir sonst unverständliche Erklärung Barnabeis (a. a. O. S. 318); „Der Name kam daher, dass der Kottabos hinunter geschlagen werden konnte und dann wieder aufstehen", eine Erklärung, die zur richtigen Beschreibung des κότταβος κατακτός, wie sie Barnabei unmittelbar hierauf gibt, absolut nicht passt. — Andere nahmen nach der falschen Anschauung von einem einer wirklichen Wage gleichenden Kottabos-Geräte an, diese Bezeichnung komme von der auf- und abwärts schwankenden Bewegung des Wagebalkens.

***) S. S. 14.

†) Dass an die Stelle einer Schale oder eines Tellers eine flache Scheibe (πινάκιον, πινακίσκιον) treten konnte, ist einleuchtend: beim κότταβος κατακτός galt es ja nicht mehr, die λάταξ in ein Gefäss zu schleudern, sondern die πλάστιγξ durch die λάταξ in die λεκάνη ὑποκειμένη.

Klatsch oder dem sichtbaren Untertauchen der ὀξύβαφα zu schleudern ist, haben wir also die von der Spitze des Stabes herabwerfbare Schale (oder Scheibe), und eben dies scheint ausgedrückt zu sein durch die Worte κότταβος κατακτός.

Exkurs V.
Bedeutung und Etymologie des Wortes ἀγκύλη.

Die Erörterung des Ausdruckes ἀπ' ἀγκύλης nötigt uns zu einem Exkurs über eine zweite von Athenaeus und den Lexicographen angenommene Bedeutung des Wortes ἀγκύλη. Es bemerkt nämlich Athenaeus im Anschlusse an die Notiz, dass man die Art und Weise, in welcher der Wurf der λάταξ erfolgen musste, ἀπ' ἀγκύλης nannte*) [XV, p. 667 c]: οἱ δὲ ποτηρίου εἶδος τὴν ἀγκύλην φασί. Hiefür zum Beweise**) zitiert er ein Fragment aus den Ἐρωτικά des Bacchylides (Bergk, P. L. G. III⁴, S. 578. No. 24):

.. Εἶτε τὴν ἀπ' ἀγκύλης ἵησι ***)
τοῖσδε τοῖς νεανίαις
λευκὸν ἀντείνασα πῆχυν.

*) Im Schol. zu Aristoph. Pac. 1214 heisst es fälschlich ἐκάλουν δὲ ἀγκύλην τὴν τοῦ κοττάβου πρόεσιν statt ἀπ' ἀγκύλης.

**) Dass das vorliegende Fragment wirklich zum Beweise für diese Annahme dienen soll, ist daraus ersichtlich, dass es auch im XI. Buche, p. 782 e, wo dieselbe noch schärfer ausgesprochen ist, als Beleg angeführt ist.

***) Eustathius im Commentar zur Ilias p. 344, 26: χρῆσις δὲ καὶ κοτύλης (zu emendieren ἀγκύλης) παρά τε Βακχυλίδῃ ἐν τῷ εἶτε τὴν ἀπ' ἀγκύλης πίνουσι (πίνουσι zugefügt von Eustathius und zwar irrtümlich aus dem bei Athenaeus nach den Versen des Bacchylides angeführten Fragmente des Kratinus).

und führt dann als weiteren Beleg eine leider heillos verderbte Stelle aus den Ὀστολόγοι des Aeschylus an: καὶ Αἰσχύλος δ'ἐν Ὀστολόγοις ἀγκυλητοὺς λέγει κοττάβους διὰ τούτων (Nauck, T. G. F.², S. 58, No. 179)

Εὐρύμαχος, οὐκ ἄλλος, οὐδὲν ἧσσον [ας]
ὕβρις ὑβρισμοὺς οὐκ ἐναισίους ἐμοί·
ἦν μὲν γὰρ αὐτῷ κότταβος ἀεὶ τοὐμὸν κάρα
τοῦ δ' ἀγκυλητοῦ κοσσαβίος ἐστι σκοπός
ἐκτεμὼν ἡβῶσα χεὶρ ἐφίετο

V. 1. οὐκ A, οὐ γὰρ Meineke, οὗτος ἄλλος Hermann
ἧσσον A, ἧσσονας V L, ἡσσόνως Nauck
ἧσσον [αὐ] vermutet Kaibel

V. 2. αἰνεσίους PVL, ἐναισίους Porson, ἀνασχετοὺς Lobek, paral. p. 586

V. 3. αὐτῷ σκοπὸς ἀεὶ Dobree
τοῦ μὲν codd., τοὐμὸν Petit

V. 4. τοῖς δ' ἀγκυλητοῖς κοσσάβοις ἐπίσκοπα Dobree, Adv. II, p. 352
τοῦ δ' (i. e. capitis) ἀγκυλητοὺς κοσσάβους ἐπίσκοπος vermutet Kaibel. Dann muss aber erst recht in V. 4 Dobree's Änderung αὐτῷ σκοπὸς ἀεὶ acceptiert werden, denn neben ἀγκυλητοὺς κοττάβους im Sinne von ἀγκυλητὰς λάταγας kann κότταβος nicht in der Bedeutung „Zielschale" stehen, eine andere Bedeutung lässt aber der Sinn des Verses 4 nicht zu.

V. 5. ἐκτενῶς Wagner
ὅσσων ἐμῶν ἡβῶσα χεὶρ ἐφίετο Dobree, Adv. II, p. 352.

Ich vermute

Εὐρύμαχος, οὔ τις ἄλλος, οὐδὲν ἡσσόνως
ὕβρις ὑβρισμοὺς οὐκ ἐναισίους ἐμοί·
ἦν μὲν γὰρ αὐτῷ σκοπὸς ἀεὶ τοὐμὸν κάρα
τοῖς δ' ἀγκυλητοῖς κοσσάβοις ἐπίσκοπος
ἡβῶσα χεὶρ ἐφίετο.

Im XI. Buche, p. 782 c, an einer Stelle, die wir wegen der alphabetischen Reihenfolge der dort behandelten Ausdrücke als Excerpt aus Pamphilius betrachten müssen, heisst es noch conciser: ἀγκύλη ποτήριον πρὸς τὴν τῶν κοτταβων παιδιάν χρήσιμον. Κρατῖνος (Kock, C. A. F. I, S. 93, No. 273)

πιεῖν δὲ θάνατος οἶνον, ἂν ὕδωρ ἐπῇ.
ἀλλ' ἴσον ἴσῳ μάλιστ' ἀκράτου δύο χοᾶς
πίνουσ' ἀπ' ἀγκύλης ἐπονομάζουσ' [ἅμα]
ἵησι λάταγας τῷ Κορινθίῳ πέει.

Hierauf folgt das auch XV, p. 667 c wiedergegebene Fragment aus den Ἐρωτικά des Bacchylides, und dann geht es weiter ἐντεῦθεν ἐννοοῦμεν τοὺς παρ' Αἰσχύλῳ *) ἀγκυλητοὺς κοττάβους· λέγονται δὲ καὶ δόρατα ἀγκυλητά καὶ μεσάγκυλα ἄλλα ἀπὸ ἀγκύλης ἤτοι τῆς δεξιᾶς χειρός. καὶ ἡ κύλιξ δὲ [ἡ] ἀγκύλη, διὰ τὸ ἀπαγκυλοῦν τὴν δεξιὰν χεῖρα ἐν τῇ προέσει.

Ebenso lesen wir bei Hesychius s. v. ἀγκύλη: ἀκόντιον ἢ ἡ καμπὴ τῆς ἀγκῶνος . . . καὶ ποτηρίου γένος εἰς κοττάβους **) und Eustathius sagt im Commentar zum II. Buche der Ilias, p. 344, 26 ἔτι ἰστέον καὶ ὅτι ἀγκύλη . . . . ἡ καμπὴ τοῦ ἀγκῶνος καὶ ποτηρίου γένος χρήσιμον εἰς κοττάβους.

Sehen wir genauer zu, ob Athenaeus berechtigt war, aus den beiden Fragmenten des Kratinus und des Bacchylides die Folgerung zu ziehen, dass man ἀγκύλη auch in der Bedeutung Kottabos-Becher gebrauchte! Es handelt sich um die Beziehung des Ausdruckes ἀπ' ἀγκύλης im Fragmente des Kratinus. Athenaeus bezieht es zu πίνουσ': es kann aber ebensogut zu ἵησι λάταγας bezogen werden, ja es passt dazu

---
*) S. S. 391.
**) Entweder ist zu verbinden ἡ καμπὴ τῆς ἀγκῶνος εἰς κοττάβους und das dazwischen stehende καὶ ποτηρίου γένος als Glosse zu betrachten oder es ist χρήσιμον (bei Athenaeus und Eustathius) vor εἰς ausgefallen.

besser nach des Athenaeus eigener Angabe: XV, p. 667 c ἐκάλουν δ᾽ ἀπ᾽ ἀγκύλης τὴν τοῦ κοττάβου πρόεσιν. Durch die Beziehung des Ausdruckes ἀπ᾽ ἀγκύλης zu πίνουσ᾽ ist die Prämisse zum falschen Schlusse gegeben. Für Athenaeus lauten die Schlussworte des ersten Fragments: „nachdem sie zwei Schluck vom (vollen) Becher abgetrunken, schleudert sie den Rest unter Nennung des Namens" statt „nachdem sie zwei Schluck getrunken, schleudert sie aus dem Gelenk (der Hand) die Neige unter Nennung des Namens". Zur Anschauung des Athenaeus passt also das Komma, das Kaibel nach πίνουσ᾽ setzt, ganz gut; betrachten wir aber das Fragment ausserhalb des Zusammenhanges, in dem es bei Athenaeus steht, so muss das Komma verschwinden, denn es führt auf den Abweg, auf den Athenaeus geraten. Einmal vom rechten Pfade abgekommen und in der falschen Anschauung befangen, wurde er, obwohl ihn das Fragment des Bacchylides, in welchem der Begriff πίνειν, der ihn irre geleitet, fehlt, auf die richtige Beziehung hätte aufmerksam machen können, seines Irrtums nicht mehr gewahr. Das ἀγκυλητοὺς κοττάβους aus den Ὀστολόγοι des Aeschylus heisst demgemäss für Athenaeus „die aus dem Becher geschleuderten Weinreste" statt „die aus dem Gelenk geschleuderten". Das ist die einfache Konsequenz seines Irrtums. Wenn er aber dann weiter führt λέγονται δὲ καὶ δόρατα ἀγκλητὰ καὶ μετάγκυλα ἄλλα und erklärend hinzufügt ἀπὸ ἀγκύλης ἤτοι τῆς δεξιᾶς χειρός, also ἀγκύλη wieder im Sinne von „Gelenk" gebraucht, widerspricht er sich selbst. Das Gefühl des Zweifels über seine frühere Angabe, das ihn hiebei überkommt, dämpft er, aber sofort, indem er erklärt καὶ ἡ κύλιξ δὲ [ἡ] ἀγκύλη διὰ τὸ ἐπαγκυλοῦν τὴν δεξιὰν χεῖρα. Mit dieser sonderbaren Selbsttäuschung schliesst er seine Zick-zack-Erklärung.

Trotzdem Groddek erkannte, dass die Fragmente aus den

Ἐρωτικά des Bacchylides und den Dramen des Kratinus „nicht ohne Zwang auf die Bedeutung des Wortes ἀγκύλη- Becher bezogen werden können", scheint ihm doch „nach den bestätigenden Zeugnissen des Hesychius und Eustathius die Bedeutung von ἀγκύλη für eine Art zum κότταβος bestimmter Becher nicht so verwerflich, wie Villebrune an mehreren Stellen seiner Uebersetzung des Athenaeus*) (T. IV, S. 62, 212, To. V, S. 359 Anm.) behauptet." Aber das ist kein methodisches Verfahren. Eustathius und Hesychius dürfen nicht als weitere zweite und dritte Zeugen betrachtet werden; beide schöpfen vielmehr offenbar wie der übereinstimmende Wortlaut beweist, aus derselben Quelle, dem Lexicon des Pamphilus, wenn sie nicht geradezu den Athenaeus selbst ausgeschrieben haben.

Exkurs VI.
Fragment aus der Νέμεσις des Kratinus.
(Kock, C. F. I. S. 50 fg., No. 116).

Athenaeus zitiert im XV. Buche, p. 667 f eine Stelle aus der Νέμεσις des Kratinus also: τῷ δὲ κοττάβῳ προθέντας ἐν πατρικοῖσι νόμοις τὸ κεινέον ὀξυβάφοις βάλλειν μὲν τῷ πόντῳ δὲ βάλλοντι νέμω πλεῖστα τύχης. So Cod. A.; eine andere Handschrift hat weiter noch τόδ' ἆθλον.

Herwerden, Obs. crit. 5 conjicierte πατρίοισι und statt τὸ κεινέον: τοῖς ἐπινέουσιν (nach Athen. XV. p. 667 e ἐπινεῖ τε ἐπ' αὐτῆς κτλ.).

Dobree statt μὲν τῷ πόντῳ: μέτωπον. τῷ.

Bothe vermutete: τἀπινέοντ' ὀξύβαφα βάλλειν τῷ ποτῷ.

Meineke statt βάλλοντι: βαλόντι.

---

*) Paris 1789, 5 Bände.

Jacobs (Verm. Schriften VI, S. 114 und 134) übersetzte unter Zugrundelegung der Lesart τῷ δὲ κοττάβῳ προθέντας πατρικοῖσι νόμοις τὰ κείμενα ὀξύβαφ' εἰσβάλλειν τῷ πόντῳ τῷ δὲ βαλόντι πλεῖστα νέμω τύχης τόδ' ἆθλον (nach Dalechamps): „Preise ordnend (!) dem Kottabos, werft nach der Väter Satzungen die Näpf' in die Flut; dem, der die meisten trifft, geb' ich des Glückes Preis." Hiebei übersah er, dass so entweder zu προθέντας als Objekt τὰ κείμενα ὀξύβαφα zu beziehen wäre, während die Worte zu εἰσβάλλειν τῷ πόντῳ gehören, wie aus dem folgenden πλεῖστα βαλόντι hervorgeht, oder dass προθέντας ohne Objekt ist.

Kock gestaltet diese „ecloga paene desperata" also:

τῷ δὲ κοττάβῳ προθέντας ἐν πατρίοισι νόμοις
τοῖς ἐπινέουσιν ὀξυβάφοισιν ἐμβάλλειν ποτόν
τῷ δὲ βαλόντι πλεῖστα νέμειν πλεῖστα τιμῆς,

wobei mir höchst anstössig erscheint, βάλλειν zuerst im Sinne von „werfen, schleudern", in der letzten Verszeile aber im Sinne von „treffen" anzunehmen.

Kaibel conjicierte προθέντα συμποτικοῖσι νόμοις — ohne Grund.

Ich möchte vorschlagen

τῷ κοττάβῳ προέντα*) πατρίοις νόμοις
τὰ τ' ἐννέοντ'**) ὀξύβαφα βάλλειν εἰς ποτόν***)
τῷ δ' ἐμβαλόντι πλεῖστα τῆς νίκης νεμῶ
ἆθλον.

---
*) Vgl. Athen. XV, p. 667 d προέντα sc. τὰς λάταγας.
**) τὸ κεινέου ist wohl eher aus
  τὰ τ' ἐννέοντ' denn aus
  τὰ τ' ἐπινέοντ' verderbt.
***) τὸ ποτόν oft im Sinne von „Nass" überhaupt, z. B. bei Aeschylus, Pers. 487.

„Nach dem κότταβος (= Schale*) (die Weinreste) nach der Väter Art vorzuschlendern und die in jenem (auf der Oberfläche des Wassers) schwimmenden ὀξύβαφα in die Flüssigkeit zu tauchen; demjenigen aber, der die meisten (ὀξύβαφα) zum Untersinken bringt, setze ich einen Siegespreis aus."

Exkurs VII.
Fragment aus den Elegien des Dionysius Chalkus.
(Bergk, P. L. G. II⁴, S. 263, No. 3.)

In verschiedener Hinsicht bietet uns Anlass zu Erörterungen ein Fragment aus den Elegien des Dionysius Chalkus, das bei Athenaeus XV, p. 668 e, f also überliefert ist:

κότταβον ἐνθάδε τοι τρίτον ἑστάναι οἱ δυσέρωτες
ἡμεῖς προστίθεμεν γυμνασίῳ Βρομίου
κώρυκον. οἱ δὲ παρόντες ἐνείρετε χεῖρας ἅπαντες
ἐς σφαίρας κυλίκων· καὶ πρὶν ἐκεῖνον ἰδεῖν,
ὄμματι βηματίσασθε τὸν αἰθέρα τὸν κατὰ κλίνην
εἰς ὅσον αἱ λάταγες χωρίον ἐκτέταται.

Codd.: V. 1 ἱστάναι ed. Bas. L, ἑστάναι BPV, ἑστάναι A
— V. 3 ἐνείρεται A — V. 4 ἐσφαίρας A — V. 5 κατὰ κλίνην P,
κατακλείνην AB, κατακλινῇ VL — βηματίσαισθε AB, βηματίσασθε PVL, — ἀέρα B, αἰθέρα APVL — V. 6 ἐκτέταται,
ἐκτέματι — ταύται B.

V. 1. τοι Bergk — ἑστάναι· οἱ Hartung — κότταβος ἐν. σοι τρίτος ἔ, ὃν δυσέρ. Bernhardy — πρέπον oder τρίποδ' ἑστάναι Emperius — V. 2 προστίθεμεν Emperius — V. 4 εἰς vermutet Bergk — ἐσιν Dalechamps — καὶ πρὶν ἀπ' οἴνου

---

*) S. Exkurs I.

ἰσίν — vermutet Bergk — V. 6 εἰς ὅσον οἱ λάταγες Hartung — ἐκτατέαι Bücheler*) ἐκτέκται Hermann.

Ich vermute

κότταβον ἐνθάδε τοι τρίτον ἱστάναι· οἱ δυσέρωτες
ἡμεῖς προστίθεμεν γυμνασίῳ Βρομίου
κώρυκον. οἱ δὲ παρόντες ἀνείρατε χεῖρας ἅπαντες
εἰς σφαίρας κυλίκων· καὶ πρὶν ἀπ' οἴνου ἰσίν
ὄμματι βηματίσασθε τὸν ἀέρα τὸν κατὰ κλίνης
εἰς ὅσον αἱ λάταγες χωρίον ἐκτατατέαι·

Im fünften Verse hat die Handschrift P κατὰ κλίνην, wozu A und B mit κατα κλεινην wohl nur eine orthographische Variante bieten (= κατὰ κλείνην). Diese Lesart billigen Bergk und Kaibel, Osann**) dagegen schreibt κατακλινῇ (VL). Der Sinn verlangt, wie schon Schneidewin***) ausgesprochen, spatium inter lectulum et vas, nicht, wie G. Herrmann†) vermutete, spatium quod est contra lectulum. κατὰ κλίνην aber erregt Anstoss; ich vermute κατὰ κλίνης in ähnlichem Sinne wie das von den codd. V und L überlieferte κατακλινῇ „abwärtssteigend", nämlich von der κλίνη herab auf die auf den Boden gestellte Schale, auf das λαταγεῖον††), indem ich in den Versen eine Anspielung auf die ursprüngliche Art des Spieles, bei der in ein auf den Boden gestelltes Becken (κότταβον ἱστάναι) die λάταξ zu schleudern war, oder höchstens

*) Jahn-Fleckeisens „Neue Jahrbücher für Philologie und Pädagogik", Bd. CXI. (1875), S. 125 fg.

**) „Beiträge zur griech. und röm. Litteraturgeschichte", Bd. I, (Darmstadt 1835) S. 107—130.

***) „Delectus poesis Graecorum" (Göttingen 1838), S. 131 fg.

†) „Zeitschrift für die Altertumswissenschaft", herausgegeben von Ludw. Christ. Zimmermann, 4. Jahrg. (Darmstadt 1837), S. 326 fg.

††) Vgl. ἄνωθεν bei Athen. XV, p. 666e (s. S. 14) und ἀπὸ ὕψους ἐρρίπτουν bei Suidas s. v. κότταβος.

auf den sog. κότταβος δι' ὀξυβάφων finde, nicht aber auf den sog. κότταβος κατακτός. Wäre dieser hier zu verstehen, so könnte von einem ἀήρ (αἰθήρ) κατακλινής nicht die Rede sein; denn bei dieser Art des Spieles befand sich das Ziel mindestens auf gleicher Höhe mit dem Ausgangspunkte der λάταξ, gewöhnlich um ein beträchtliches höher*).

Wenn ich auch an und für sich einen Vergleich des κότταβος mit dem κώρυκος nicht für so ganz unpassend halten möchte, ziehe ich es doch vor, mit Hartung ἱστάναι · οἱ δυσέρωτες zu interpungieren und δυσέρωτες nicht im Sinne „wir, schmachtend vor Liebe" zu fassen, wie Osann es gethan, sondern wie es bei Theokrit VI, 7 sich findet, im Sinne von „wir, die wir der Liebe nicht zugänglich sind"**). Dann ist οἱ δυσέρωτες ἡμεῖς γυμνασίῳ Βρομίου προςτίθεμεν κώρυκον als Gegensatz zu κότταβον ἐνθάδε σοὶ τρίτον ἱστάναι zu betrachten, wonach der Sinn der Stelle wäre: „Dir hier zum 3. Male einen κότταβος zu stellen***); wir aber, die wir der Venus nicht dienen, gesellen zum „Gymnasium des Bromios', (= γυμπόσιον) den κώρυκος. Dass dieses Spiel, bei welchem ein von der Decke an Seilen herabhängender, mit Sand, Feigenkörnern o. ä. gefüllter Sack zu schwingen war, auch beim γυμπόσιον betrieben wurde, ist ebensowenig auffallend, als wenn der κότταβος, wie Laertius Diogenes VI, 46 berichtet, in die Bäder verpflanzt wurde; es ist umsoweniger auffallend, als diese Übung einen hygienischen Zweck hatte, nämlich die Verdauung zu befördern.

*) S. s. 23 und 89.
**) Vgl. δυσαλγής, eig. „nicht Schmerz erregend", von Hesychius aber mit ἀσυμπαθής erklärt (= δυσάλγητος bei Sophokles, Oed. rex 12) u. a.
***) Natürlich ist der Infinitiv ἱστάναι von einem vorausgehenden Verbum wie „wir befehlen" oder einem ähnlichen abhängig zu denken.

Anhang.

I.) Verzeichnis der den κότταβος darstellenden Vasenbilder, Reliefs etc.

Es erübrigt zum Schlusse, ein vollständiges Verzeichnis der auf das Kottabos-Spiel bezüglichen Vasenbilder etc., sowie auch der bisher aufgefundenen Originale zu geben.
Welche Einteilung bei dem ersteren stattzufinden hat, kann nach dem Gesagten nicht zweifelhaft sein. Statt der rein äusserlichen Klassifikation Stephani's im „Compterendu" 1869 *) muss eine Gliederung nach der Vorstufe und nach den Arten des Spieles erfolgen. Zum Teile werden sich hiebei die Darstellungen im Allgemeinen ebenso gruppieren wie bei Stephani, es sind aber nicht äusserliche Unterschiede, sondern das Wesen der verschiedenen Arten des Kottabos-

---

*) Stephani scheidet
I. Kunstwerke, in welchen das Werfen der λάταξ, aber nicht die ῥάβδος κοτταβική zu sehen ist,
II. Darstellungen, welche sowohl das Werfen der λάταξ als auch die κλάδος (muss natürlich heissen: ῥάβδος) κοτταβική sehen lassen,
III. Darstellungen, in denen die κλάδος (muss heissen ῥάβδος) κοτταβική zu sehen ist, ohne dass jemand die λάταξ wirft,
und reiht unter jeden dieser Haupttitel die Unterabteilungen
  a) Darstellungen von Personen der Wirklichkeit,
  b) Darstellungen aus dem bacchischen Kreise.

Spieles massgebend. Wir erhalten demnach folgende Abteilungen:
I. Darstellungen der Spende, der Vorstufe des Spieles. Kriterium ist die Inschrift ποί τήνδε (sc. τήν λάταγα). oder τίν τάνδε (sc. τάν λάταγα) mit oder ohne folgendem λατάσσω.
II. Darstellungen des Spieles (des Orakel-Spieles und des agonistischen)
   a) in den einfacheren Formen. Ziel ist eine bestimmte Stelle des Fussbodens oder auch ein auf diesen gestelltes Gefäss*) (ohne oder mit ὀξύβαφα).
   b) mit dem κότταβος κατακτός.

I. Darstellungen der Spende.
a) Scenen aus dem menschlichen Leben.

1. *Petersburg* (Vasensammlung der kais. Eremitage), No. 1670.
„Cataloghi del Museo Campana" (Rom 1858), Cl. I, Ser. XI, Sala K. No. 119.
Jahn, „Philologus", Bd. XXVI (1867), S. 221, A; Taf. I.
Stephani, „Compte-rendu" 1869, S. 219—225; Taf. V, No. 1.
Panofka, „Abhandl. d. Berl. Akad." 1848, S. 208 fg., 1850, S. 33.
Heydemann, „Archaeolog. Anzeiger" 1859, S. 144,159.

---
*) Auf den Vasen ist dasselbe allerdings fast nie mit Sicherheit zu ernieren.

Brunn, „Bull. dell' Inst." 1859, S. 126 ff.
„ , „Geschichte der griech. Künstler" Bd. II
(Stuttgart 1859), S. 685.

2. (2.*)) *München* (Vasensammlung König Ludwig I. in der alten Pinakothek), No. 272.
Jahn, a. a. O., S. 225, D; Taf. III, No. 1.
Tafel I.

3. (1.) *München*, No. 6.
Jahn, a. a. O., S. 223, B; Taf. II, No. 1.
Brunn, „Bull. dell' Inst." 1859, S. 219 fg.

b) Scenen aus dem Dionysos-Kreise.

4. *Berlin*, No. 4221.
„Bull. dell' Inst." 1885, S. 3.

5. (36.) *Paris*.
„Catal. del Museo Camp.", Cl. I, Ser. IV, Sala D, No. 862.
Brunn, „Bull. dell' Inst." 1859, S. 128.
Jahn, a. a. O., S. 224, C.

II. Darstellungen des Spieles.

A) der einfacheren Arten des Spieles.

a) Vasen.

α) Scenen aus dem menschlichen Leben.

1. (4.) d' Hancarville, „Antiquités étrusques, grecques et romaines" [Cabinet de M. Hamilton] (Neapel 1767), Bd. II, Taf. CXIII.

---

*) Die in Klammern beigefügten Zahlen beziehen sich auf die Nummerierung Stephani's im „Compte-rendu" 1869.

Willemin, Choix de costumes civils et militaires Bd. II (Paris 1802), Taf. X.
Inghirami, "Pitture di vasi fittili" (Fiesole 1833—1835), Taf. CCLXXIII.
Jahn, a. a. O., S. 233, F*.

2. (5.) *Berlin*, No. 2270.
Gerhard, "Neuerworbene antike Denkmäler des kgl. Museums zu Berlin", Heft III (Berlin 1846), S. 55, No. 1775.
Jahn, a. a. O., S. 230, N.

3. (6.) *Petersburg*, No 804.
Stephani, "Compte-rendu" 1869, S. 225 fg., No. 6; Figur S. 219.

4. (7.) *Petersburg*, No. 1174.
Stephani, "Compte-rendu" 1869, S. 226. No. 7; Fig. S. 234.

5. (8.) "Museum etruscum Gregorianum" (Rom 1842), Bd. II, Taf. LXXXI, No. 1 a.
Jahn, a. a. O., S. 226, E; Taf. IV, No. 1.

6. (9.) "Mus. etr. Greg.", Bd. II, Taf. LXXXV, No. 2b.
Jahn, a. a. O., S. 227, F, Taf. III, No. 3.

7. (10.) Passeri, "Picturae Etruscorum in vasculis" (Rom 1770), S. 43 fg., Taf. CLVII.
Millin, "Peintures de vases antiques", Bd. I (Paris 1808), Taf. XXXVIII.
Reinach, "Bibliothèque de monuments figurés grecs et romains", Bd. II (Paris 1891).
Böttiger, "Archaeolog. Ährenlese", Samml. I (Dresden 1811), No. 8, S. 5 fg.
Dubois-Maisonneuve, "Introduction à l'étude des vases antiques peints" (Paris 1817), Taf. XIX.
Panofka, "Griechinnen und Griechen" (Berlin 1844), Taf. II, No. 12.

Jahn, a. a. O., S. 234, H*.
Milman, Horati opera (London 1868), S. 73.
8. (11.) Passeri, a. a. O., Taf. CCXXXIX.
Jahn, a. a. O., S. 233, C*.
9. (12.) Braun, „Il laberinto di Porsenna" (Rom 1840), Taf.VI.
10. (13) „Museo etrusco Chiusino" (Fiesole 1833), Taf. CVI.
11. (14.) Micali, „Monum. inediti"(Florenz 1844), Taf.XXXXV, No. 3.
12 (15.) De la Borde, „Collection des vases grecs de Mr. le comte de Lamberg" (Paris 1813), Bd. I, Taf. XXXXVIII.
13. (16.) Gerhard, „Berlin's antike Bildwerke" (Berlin 1836), No. 1042.
Jahn, a. a. O., S. 229, J.
14. (17.) *Berlin*, No. 2298.
Gerhard, „Neuerworb. ant. Denkm.", Heft III, S.54, No. 1774.
Jahn, a. a. O., S. 228, H.
15. (18.) *München*, No. 354.
Jahn, a. a. O.. S. 231, R.
16. (19.) *München*, No. 596.
Jahn, a. a. O.. S. 229, L.
17. (20.) *München*, No. 705.
Jahn, a. a. O., S. 230, M.
18. (21.) *Paris*.
„Catal. del Museo Camp." Cl. I, Ser. IV, Sal. A, No. 324.
Jahn, a. a. O., S. 233, D*.
19. (22.) *Paris*.

19. (22.) „Catal. del Museo Camp.", Cl. I, Ser. IV, Sal. A, No. 459.
    Jahn, a. a. O., S. 233, E*.

20. (23.) *London*, Britisches Museum, No. 719.
    Jahn, a. a. O., S. 232, T.

21. (24.) London, Britisches Museum, No. 740.
    Jahn, a. a. O., S. 230, P.

22. (25.) *London*, Britisches Museum, No. 740*.
    Jahn, a. a. O., S. 231, Q.

23. (26.) *London*, Britisches Museum, No. 851.
    De Witte, „Cabinet Durand" (Paris 1836), No. 809.
    Jahn, a. a. O., S. 228, G.

24. (27.) Tischbein, „Engravings from ancient vases", Bd. IV (Neapel 1795), Taf. XL.
    Jahn, a. a. O., S. 234, J*.

25. (28.) {Millin, a. a. O., Bd. II. Taf. LVIII.
    Reinach, a. a. O.
    Hirt, „Bilderbuch für Mythologie, Archaeologie und Kunst", Heft II (Berlin u. Leipzig 1816), S. 213.
    Panofka, „Recherches sur les véritables noms de vases grecs" etc. (Paris 1829), Taf. VII, No. 37.
    Jahn, a. a. O., S. 233, G*.
    Tafel II.

26. (29.) {Millin, a. a. O., Bd. II, Taf. LXIII.
    Reinach, a. a. O.
    Inghirami, „Monumenti etruschi" (Fiesole 1824), Bd. V., Taf. XXXVI.
    Jahn, a. a. O., S. 236, O*.

27. (30.) d'Hancarville, a. a. O., Bd. II, Taf. XXXXVIII.

27. (30.) Inghirami, „Pitt. di vasi fitt.", Taf. CXXXIII.
Jahn, a. a. O., S. 232, B*.
28. (31.) d'Hancarville, a. a. O., Bd. II, Taf. LXXIV.
Inghirami, „Pitt. di vasi fitt.", Taf. CXXXII.
Jahn, a. a. O., S. 232, A*.
29. (32.) De Witte, a. a. O., No. 808.
Jahn, a. a. O., S. 229, K.
30. (33.) De Witte, „Notice d'une collection de vases peints du Prince de Canino" (Paris 1845), No. 38.
Jahn, a. a. O., S. 231, S.
? 31. *Neapel*, Sammlung Bourguignon.
Meyer, „Arch. Zeitung", 1884, S. 245.

β) Scenen aus dem Dionysos-Kreise.

32. (34.) *Petersburg*, No. 1728.
„Mon. dell' Inst.", Bd. VI, Taf. V b.
Stephani, „Compte rendu" 1868, S. 151.
Jahn, a. a. O., S. 237, Q*.
33. (35.) *Neapel*.
„Mon. dell' Inst.", Bd. VI, Taf. XXXVII
Jahn, a. a. O, S. 237, R.
34. (37.) d'Hancarville, a. a. O., Bd. I, Taf. 104.
Jahn, a. a. O., S. 236, P.

b) Reliefs etc.

35. (40.) Relief an einer Urne aus Marmor.
Garrucci, „Monumenti del Museo Lateranense" (Rom 1861), Taf. XXXIII, No. 1.

35. (40.) **Benndorf und Schöne**, „Die antiken Bildwerke des Lateran. Museums" (Leipzig 1867). No. 441.
    Jahn, a. a. O., S. 237.
36. (38.) **Handhabe eines Bronze-Spiegels.**
    Gerhard, „Etruskische Spiegel", Bd. IV (Berlin 1867), Taf. CCCXIX.
37. (39.) **Bronze-Kandelaber.**
    „Mus. Etr. Gregor.", Bd. I, Taf. LV, No. 7.

B) des κότταβος κατακτός.
a) Vasen.
α) Scenen aus dem menschlichen Leben.

38. (41.) *Petersburg*. No. 1778.
    Stephani, „Compte-rendu" 1869. Atlas, Taf. VI. No. 5.
39. (42.) d'Hancarville, a. a. O., Bd IV, Taf. XC.
    Inghirami, „Pitt. di vasi fitt.". Bd. II, Taf.CLXXVII.
    Jahn, a. a. O., S. 234, J*; Taf. IV, No. 3.
40. (43.) Politi, „Slancio artistico all' ombra di Flaxman" (Girgenti 1826).
    Gerhard, „Antike Bildwerke" (Stuttgart u. Tübingen 1827). Taf. LXXI.
    Maggiore, „Monumenti siciliani d'ant. fig." (Palermo 1833), Taf. III.
    Jahn, a. a. O., S. 235, K*; Taf. IV, No. 2.
    Baumeister, „Denkm. des klass. Altert.", Bd. II, (München und Leipzig 1887), S. 793, Abb. 857.
41. (44.) Stackelberg, „Gräber der Hellenen" (Berlin 1837). Taf. XXVI.

Panofka, „Bilder antiken Lebens" (Berlin 1843),
Taf. XII, No. 1.
42. (45.) *Neapel*, No. 1857.
„Mon. dell' Inst.", Bd. VIII, Taf. 51, No. 4.
43. (46.) *Neapel*, Sammlung Barone.
Heydemann, „Bull. dell' Inst." 1869, S. 126, 4.
44. (47.) *Rom*, Vatikan.
Heydemann, „Ann. dell' Inst." 1868, S. 228, Taf. C.
45. „Archaeologia", Bd. LI (1888), Teil 2, Taf. XIV.
„Revue archéologique" 1890, S. 300, Figur im Text.
46. *Berlin*, No. 2416.
Klein, „Ann. dell' Inst." 1876, S. 141—145; Taf. M.
Richter, „Die Spiele der Griechen und Römer"
(Leipzig 1887), S. 100.
*)47.(58.) Passeri, a. a. O., Taf. CCXXXXIII.
48. (59.) Fea, „Storia del disegno", Bd. II. S. 174.
49. (60.) *München*, No. 844.
50. (62) *Petersburg*, No. 1579.
Stephani, „Compte rendu" 1863, Taf. II, No. 10.
51. (63.) *Neapel*, Sammlung Barone.
Minervini, „Monum. ant. ined. possed. da Barone"
(Neapel 1852), Taf. III.
52. *Neapel*, No. 2855.
Heydemann, „Jahrb. des röm. Inst." 1887, S. 125 fg.;
verkleinerte Abbildung im Text.

---

*) Die im Folgenden unter No. 47—52 sowie auf S. 110 ff. unter No. 63—70 und No. 72 aufgeführten Vasenbilder zeigen nur den Apparat des κότταβος καταχτός; das Schleudern der λάταξ ist auf denselben nicht dargestellt.

3) Scenen aus dem Dionysos-Kreise.

53. (72.) *Neapel*, Sammlung des Principe della Torella.
 Millingen, „Peintures antiques de vases grecs"
 (Rom 1813), Taf. XXXVI.
 Reinach, a. a. O.
 Inghirami, „Pitt. di vasi fitt.", Taf. CCXXV.
 „Arch. Zeitung" 1858. Taf. CXVII. No. 9.
54. (48.) Ehemals im Besitze von Mengs.
 Winckelmann, „Mon ant. ined." (Rom 1767), No. 200.
 Bouchard, „Choix des monuments", Bd. II, Taf. LXXXXIV.
 Jahn, a. a. O., S. 235, L*.
55. (49.) *Paris*.
 Dubois-Maisonneuve, a. a. O., Taf. LIX
56. (50.) Tischbein, a. a. O., Bd. III (Neapel 1795), Taf. LII.
 Jahn, a. a. O., S. 236, N*.
57. (51.) Moses, Vases from the collection Englefield (London 1819), Taf. VII.
 Jahn, a. a. O., S. 236, M*.
58. (52.) *Rom*, Vatikan.
 Heydemann, „Ann. dell'Inst." 1868, S. 228.
59. (53.) *Neapel*, No. 2042.
 „Mon. dell'Inst.", Bd. VIII, Taf. LI, No. 3.
 Heydemann, „Ann. dell'Inst." 1868, S. 225.
60. (54.) *Ruvo*, Sammlung Jatta, No. 1291.
 „Mon. dell'Inst.", Bd. VIII, Taf. LI, No. 1.
 Heydemann, „Ann. dell'Inst." 1868, S. 224 fg.

61. (55.) *Ruvo*, Sammlung Jatta, No. 1495.
„Mon. dell' Inst.", Bd. VIII, Taf. LI, No. 2.
Heydemann, „Ann. dell' Inst." 1868, S. 227.
Blümner, „Leben und Sitten der Griechen" (Leipzig und Prag 1887), Bd. II, S. 51, Fig. 9.

62. (56.) *Chiusi*, Sammlung Mazzetti.
Heydemann, „Ann. dell' Inst." 1868, S. 226; Taf. B.
Tafel III.

63. (70.) Sanquirico, „Monum. del Museo Grimani" (Venedig 1831), Taf. LXII.

64. (64.) *Petersburg*, No. 1774.
Stephani, „Compte-rendu" 1869, Atlas, Taf. VI, No. 1.

65. (65.) *Petersburg*, No. 1780.
Stephani, „Compte rendu" 1869, Atlas, Taf. VI, No. 3.

66. (66.) Tischbein, a. a. O., Bd. IV, Taf. XXXII.
Inghirami, „Pitture di vasi fittili", Bd. II, Taf. CLXXXXVII.

67. (67.) *Palermo*.
„Mon. dell' Inst." Bd. IV, Taf. X.

68. (68.) *Neapel*.
„Memorie dell' Accademia di archeologia Ercolanense" (Neapel 1852), Bd. IV, A, S. 115; Taf. I und II.

69. (69.) *Neapel*.
„Museo Borbonico" Bd. XIII, (Neapel 1843), Taf. XV.
„Arch. Zeitung" 1858, Taf. CXVII, No. 8.

70. (71.) *Neapel*, Sammlung Barone.
„Arch. Zeitung" 1869, S. 36*).

*) Irrtümlicherweise wurden auch folgende Vasenbilder als Darstellungen des κότταβος bezeichnet:

b) Reliefs, Münzen etc.

71. (57.) Relief.
Rom, Villa Albani.
Winckelmann, a. a. O., No. 60.
Bouchard, a. a. O., Bd. I, Taf. XXXVIII.
Roccheggiani. „Raccolta d' antiqui bassirilievi" Bd. II (Rom 1804), Taf. XIV.
Zoega, „Li bassirilievi antichi di Roma" (Rom 1808), Taf. LXXXII.
Müller-Wieseler, „Denkmäler der alten Kunst", Teil II (Göttingen 1869), S. 50; Taf. XLIII, No. 544.
Panofka, „Bilder antiken Lebens", Taf. IX, No. 2.
Jahn, a. a. O., S. 237; Taf. IV, No 4.
Cades, „Impronte gemmarie", Taf. LXI, No. 688 (Abdruck einer Nachbildung eines modernen Steinschneiders).

72. Münze von Ambrakia.
Berlin.
Friedländer, „Arch. Zeitung" 1869, S. 101; Taf. XXIII, No. 17 und 1870, S. 27.

---

1. München, No. 892.
Stephani, a. a. O., S. 231, No. 61.
2. Stephani, a. a. O., S. 225, No. 3.
Gerhard, „Auserlesene Vasenbilder", Bd. II (Berlin 1843), Taf. CXXXXV.
Jahn, a. a. O., S. 230 O.
3. Wernicke, „Arch. Zeitung" 1885, S. 257; Taf. XVII.

IIa) Verzeichnis der bisher aufgefundenen Kottabos-
Ständer.

1. *Perugia.* (Aus Frontone.)
   Helbig, „Mitteil. des röm. Inst." 1886, S. 227 fg;
   Taf. XII a.
   Higgins, „Archaeologia", Bd. LI (1888), Teil II,
   S. 387 fg.; Fig. 1 und 2.
   Tafel IV a.

2. *Perugia*, No. 1712.
   Helbig, a. a. O., S. 234; Taf. XII b.
   Higgins, a. a. O., S, 389.
   Tafel IV b.

3. *Perugia.* (Aus dem Grabe der Volumnii.)
   Conestabile, „Dei monumenti di Perugia etrusca e
   romana", Teil I (Perugia 1855), S. 54 fg.; Taf. XIV,
   No. 5 und Taf. XV, No. 3.
   Helbig, a. a. O., S. 234.

4. *Perugia.* (Aus Monte-Luce.)
   Carattoli, „Notizie degli scavi" 1887, S. 167—169.
5. Mercer, „The Athenaeum" 1887, S. 900 fg.
   Higgins, a. a. O., S. 397 fg.

6. *München* (Antiquarium), No. 633. (Aus Corchiano.)
   Buglione, „Mitteil. des röm. Inst." 1887, S. 31.
   Higgins, a. a. O., S. 395—397. Fig. 3.

7. *London* (Britisches Museum). (Aus Naukratis.)
   Higgins, a. a. O., S. 389 fg.; Taf. XIII, Fig. 1 und 2.

8

II b) **Verzeichnis der bisher aufgefundenen Manes-(Mania-) Figürchen.**
(Hiezu im Verzeichnis II a No. 1—6.)

1. *Perugia*, No. 774.
   Helbig, „Mitteil. des röm. Inst." 1886, S. 235: Figur im Text.
2. *Perugia*, Sammlung Quardabassi.
3. *Perugia*, No. 1877. (Mania.)
4. *Berlin*.
   Friederichs, „Geräte und Bronzen im alten Museum" (Düsseldorf 1871), No. 1490 u 2.
   Robert, „Jahrb. des röm. Inst." 1887, S. 179—182: Figur im Text.
   Tafel V.
5. ?   (Aus Mussignano.)
   Helbig, a. a. O., S. 235 fg.

Druckfehler-Verbesserungen und Ergänzungen.

S. 2, Anm., Z. 1 lies: Schol. zu Aristoph. Acharn. 525, **Nubb. 1073**; Pac. 343 1242, 1244 (Blaydes).

S. 4, Z. 7 v. u. lies: „Vermischte Schriften" statt „Vermischten Schriften".

S. 9, Z. 2 lies: Grund**form** statt Grund**züge**.

S. 14. Anm. *****) lies: Was aus ἄκωθεν zu schliessen ist, geht aus der Beschreibung der Grundform des Spieles und des κότταβος δι' ὀξυβάφων hervor (vgl. S. 98 ff.) statt „geht aus der Beschreibung des κότταβος κατακτός (s. Kap. II, § 2) hervor".

S. 29, Z. 8 ergänze: oder auch vielleicht zu dem rein praktischen Zwecke, eine Schnur oder ein Kettchen aufzunehmen, damit man die πλάστιγξ während der Zeit, wo man das Gerät nicht benützte, mittels einer Schlinge an die ῥάβδος κοτταβική, eventuell an den in die Höhe gestreckten Arm des μάνης hängen konnte.

S. 32, Z. 11 lies: einen Sklaven statt einem Sklaven.

S. 34. Anm. *******), Z. 3 sind die Worte **„besonders das im Berliner Museum"** zu streichen.

S. 44, Z. 2 v. u. lies: Dass **es** fraglich ist etc.

Nachtrag.

Durch wiederholte Betrachtung der Reproduktionen fast sämtlicher Kottabos-Darstellungen werde ich belehrt, dass die von mir auf S. 26 ff., 55 fg., 58 fg. vertretene Anschauung betreffs des Zweckes der λεκάνη ὑποκειμένη nicht die richtige ist. Eine verhältnismässig grosse Anzahl von Vasenbildern nämlich, z. B. No. 45. 46, 51, 54, 56, 60, 61, 65, 66. 69 (vielleicht auch No. 49) des im Anhange gegebenen Verzeichnisses derselben zeigen deutlich eine mit der Höhlung nach unten gekehrte Schüssel. Dieser Umstand spricht dafür, dass die λεκάνη ὑποκειμένη thatsächlich den Zweck hatte, einen lauten Schall zu verursachen. Der akustische Effekt war aber bei jedem glücklichen Wurfe nicht gleich stark. Die πλάστιγξ verursachte, je nachdem sie mit der Kante oder mit der Fläche auf der λεκάνη ὑποκειμένη auffiel, mit anderen Worten, je nachdem sie nur leicht oder kräftig getroffen war, einen schwächeren bezw. lauteren Schall. Die Angaben der Scholiasten und Lexicographen, dass es beim Kottabos-Spiel darauf angekommen sei, einen möglichst lauten Schall zu verursachen, braucht also nicht als irrtümliche bezeichnet zu werden. Man wird aber zugeben müssen, dass mit jenen Worten eigentlich nicht gesagt ist, worauf es ankommt und dass es richtiger wäre, wenn es hiesse: „Es kam darauf an, die **πλάστιγξ möglichst kräftig zu treffen, was sich durch einen besonders starken Schall beim Auffallen der πλάστιγξ auf der λεκάνη ὑποκειμένη kundgab**".

Taf. I.

Taf. II.

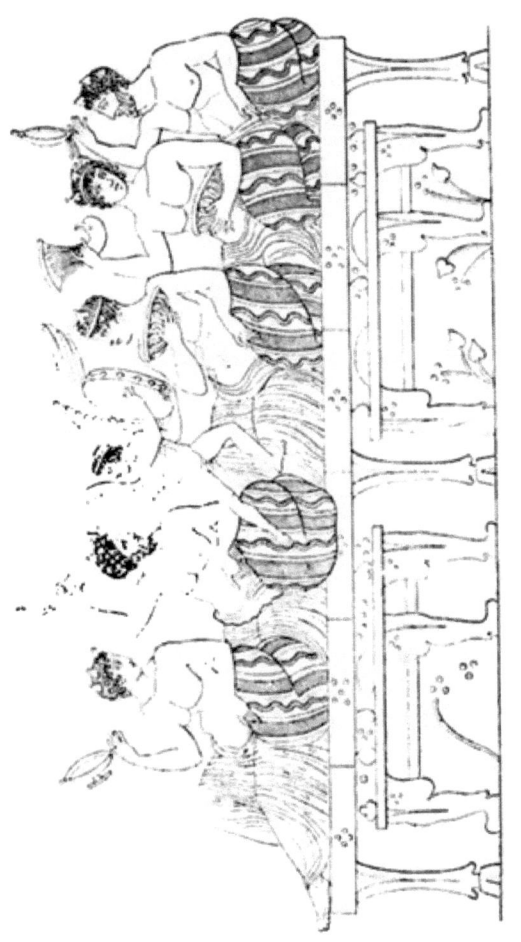

(Panofka, „Recherches sur les véritables noms de vases grecs etc., Taf. VII, No. 37.)

Taf. III.

(„Ann. dell'Inst." 1868, Taf. B.)

Taf. IV a

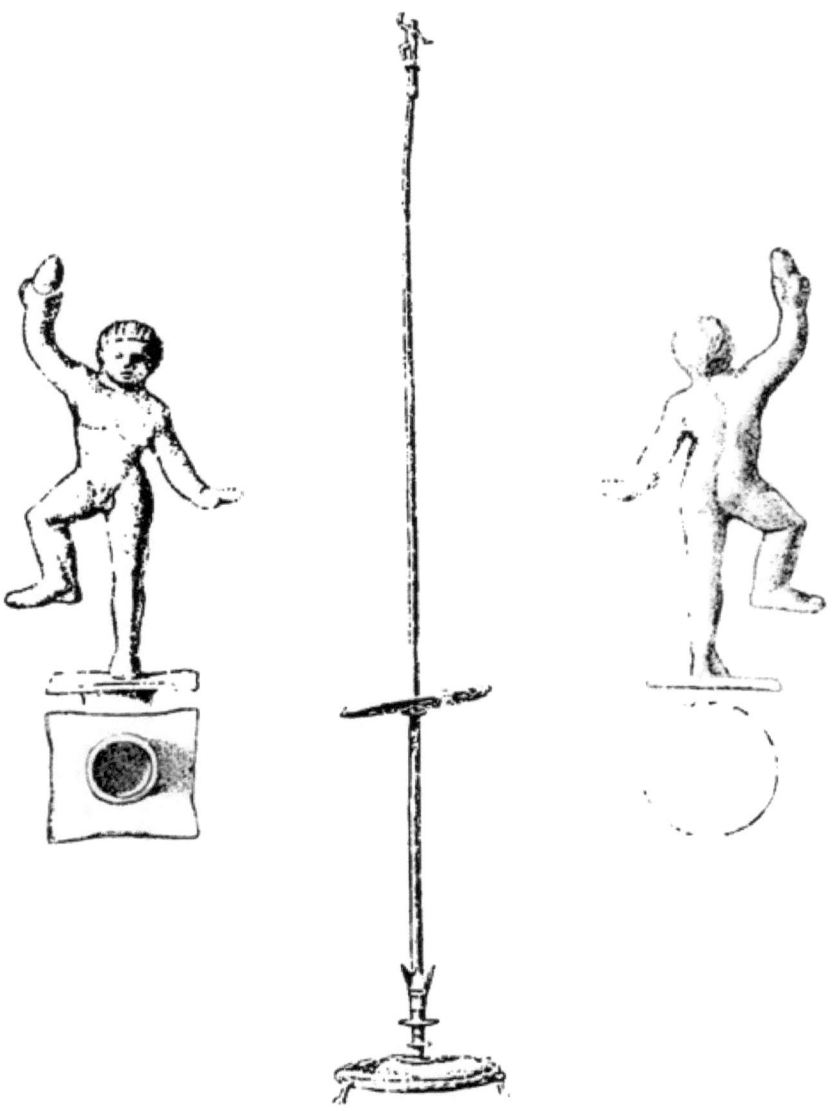

(„Mitteil. des röm. Inst." 1886, Taf. XII a.)

Taf. IV b.

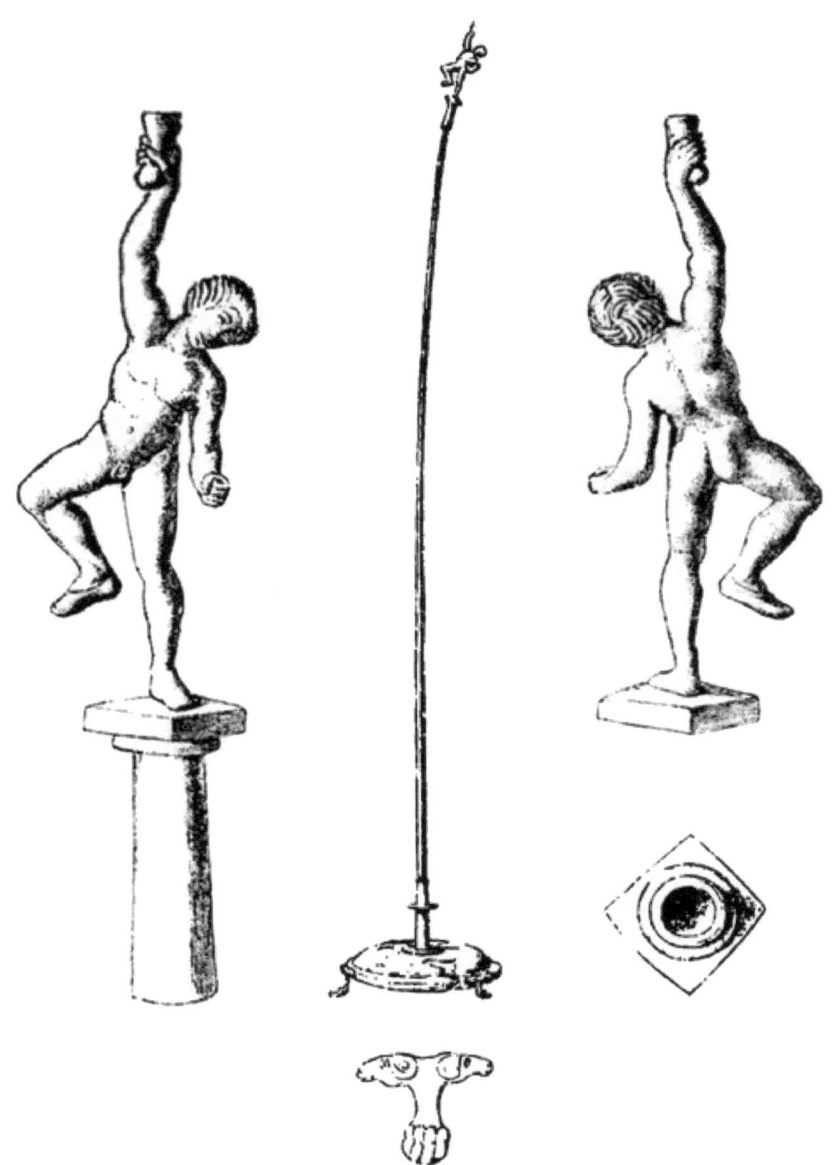

(„Mitteil. des röm. Inst." 1886, Taf. XIIb.)

Taf. V.

(Autotypie nach einem Gypsabguss.)